마법의 심리테스트
Happiness

나카지마 마스미 지음
이희정 옮김

이젠

| 들어가는 말 |

누구나 행복해지고 싶어한다. 하지만 사람마다 무엇을 행복으로 생각하는가는 다르다. 행복의 내용은 사람마다 제각각이며, 사람의 수만큼이나 행복의 경우의 수가 있다고 해도 과언이 아니다.

나는 무엇을 바라는가? 어떤 일에서 보람을 얻고, 어떤 일에서 뿌듯함을 느끼는가? 그리고 어떤 미래를 꿈꾸는가? 또 어떤 사람과 함께 있으면 즐거운가?

이런 것을 생각해보지 않고, 또 답을 구하려 애쓰지도 않는다면 자신이 찾는 행복이 어떤 것인지 알 수 없다. 왜냐하면 행복을 찾는 것은 '자아 찾기'나 마찬가지니까. 스스로를 아는 것이 첫 번째 할 일. 자기 자신을 알게 되면 주위 사람들도 이해할 수 있고 인간관계도 좋아진다.

여기에 소개된 심리 테스트로 행복을 잡아보자. 이 책은 많은 독자들에게 호평을 받은 《마법의 심리 테스트》의 다섯 번째 시리즈이다. 지금까지 '재미있고 도움이 되는 책'이라는 신념 아래 독자들의 마음속 깊은 곳에 자리잡았다. 이번에도 더욱더 '재미있고 도움이 되는' 내용으로 가득하다.

47개의 테스트 문항은 나의 평생 사업인 성격 연구를 토대로 하여 만들어졌다. 최근 일 년 동안 특히 잠재의식에서 무의식으로 초점을 맞추어 마음의 구조를 탐색해왔는데 다행히도 몇 가지 테스트에 그 성과를 반영할 수 있었다.

사람 마음의 진실은 옛날이나 지금이나 한결같지만, 때로는 시대의 변화에 따라 흔들리기도 한다. 어떤 시대라도 자기 자신을 잃지 않고 맘 편하게 살기를 바란다. 이 책이 여러분의 마음을 유연하게 하는 데 도움이 된다면 기쁘겠다.

—나카지마 마스미

"행복하고 싶다! 그런데 '행복'이란 뭐지?"

누구나 분명 행복하기를 바랄 것이다. 그런데 도대체 행복이란 무엇일까? '행복'을 얻기 위해서는 먼저 행복에 대해 생각해보는 일부터 시작하자.

| CONTENTS |

들어가는 말   2
만화   4

제 1 장 내가 아는 나, 남이 아는 나

Cartoon   나는 어떤 사람일까? 남들이 보는 나는?   12

TEST 01   친구에게 어떤 그림엽서를 보낼까?   14
TEST 02   무시무시한 괴물이 나타났다!   20
TEST 03   넉 장의 카드 – 해, 달, 별, 구름   24
TEST 04   좋은 일부터 전할까? 나쁜 일부터 전할까?   30
TEST 05   친구들과 꽃구경 가며 맡은 역할은?   34
TEST 06   어이쿠, 밟을 뻔했네!   38
TEST 07   용서할 수 없는 사람은 누구?   42
TEST 08   지름길을 갑자기 막다니!   46
TEST 09   동성 친구에 대한 질투심은?   50
TEST 10   동성 친구를 질투하는 행동은?   54
TEST 11   엄마, 과자를 사주세요!   58
TEST 12   퇴근 못하는 동료에게 할 말은?   62
TEST 13   복권 당첨 때 기부 수준은?   66
TEST 14   악마의 속삭임에 넘어갈까?   70
TEST 15   화재 현장에서 나는 무얼 하고 있을까?   74

Column   성격이 마음에 안 든다고 고민하는 사람들에게   79

제 2 장 영원한 친구를 찾는 심리 테스트

Cartoon	좋은 인간관계는 자기를 아는 일에서 시작된다!	84
TEST 16	소문난 레스토랑이지만 난 못마땅해!	86
TEST 17	와인잔을 부딪치는 커플의 '위하여!'는?	90
TEST 18	드디어 우리 집이 생겼는데, 어떤 문패를 달까?	94
TEST 19	전사가 입을 갑옷을 고른다면?	98
TEST 20	새 가전제품을 고르는 방법	102
TEST 21	다섯 종류의 그릇을 사람에 비유한다면?	106
TEST 22	세 요정에게 누구를 소개할까?	112
TEST 23	파티에서 누구에게 먼저 말을 걸까?	116
TEST 24	거스름돈을 지갑에 넣는 방법	120
TEST 25	부서 이동을 하면 어떤 팀에 들어갈까?	124
TEST 26	친구의 신발 위치에 따른 신발장 고르기	128
Column	인간관계가 서툴러서 고민하는 사람들에게	132

제 3 장 행복한 연애와 결혼을 위하여

| Cartoon | 연애를 할 때야말로, 인생이 즐겁다! | 136 |

TEST 27	히치하이킹 중에도 차 색깔만은 고르고 싶어!	138
TEST 28	단골 카페의 찜한 자리!	142
TEST 29	샤워만 하는가? 온탕 목욕을 즐기는가?	146
TEST 30	또 과식하고 말았다!	150
TEST 31	데이트하러 집에서 나온 시간은 몇 시일까?	154
TEST 32	호칭을 쓰는 스타일은?	158
TEST 33	박물관에서 흥미있게 본 전시 코너는?	162
TEST 34	길을 헤매다 숲 속에서 곰 가족을 만나다	166

| Column | 연애하다 상처받을까봐 망설이는 사람들에게 | 178 |

제 4 장 행복한 자아찾기를 위한 심리 코칭

Cartoon 숨을 가다듬고 마음을 봐. 행복이 가까워질 거야! 182

TEST 35	괴물이 산다는 연못을 지나다!	184
TEST 36	식물원에서 찾은 좋아하는 잎사귀의 모양은?	188
TEST 37	목장의 한 마리 양이 되다!	192
TEST 38	쌍안경에 잡힌 멋진 새는?	202
TEST 39	겨울 추위를 이겨낼 선물은?	206
TEST 40	낡은 집, 어디부터 고칠까?	210
TEST 41	꽃과 나비, 무슨 색으로 칠할까?	214
TEST 42	학교 가는 아이에게 엄마는 무슨 말을 할까?	224
TEST 43	친구의 말에 상처를 입다!	228
TEST 44	아마추어 화가의 작품값은 얼마일까?	232
TEST 45	더는 입을 수 없게 된 옷	236
TEST 46	파티에 만들어 갈 음식은?	240
TEST 47	치과 예약하기에 알맞은 날	244

Column "진정한 나를 찾고 싶다!"는 모든 사람에게 248

거꾸로 찾아보기 251

제 1 장

내가 아는 나, 남이 아는 나

"나는 어떤 사람일까? 남들이 보는 나는?"

"나는 이런 사람이다." "나는 그런 성격을 갖고 있다."고 자기 분석을 해보지만 그것이 의외로 당신 혼자만의 생각일 수 있다. 가끔씩은 다른 사람의 의견에도 귀를 기울이자.

Test 01

친구에게 어떤 그림엽서를 보낼까?

먼 곳에 사는 친구에게 당신의 소식을 알려주고 싶어 그림엽서를 보내려고 한다. 다음 A~F 중에서 당신은 어떤 그림엽서를 고르겠는가?

A 암벽 타기

B 유적지

C 피서지에서 보낸 여름

D 수평선과 망망대해

E 엄마 오리와 아기 오리들

F 삼바 카니발

Test 01 진단 결과

이 테스트에서는 지금 당신이 스스로에 대해 어떤 이미지를 갖는지 알수 있다.
좋아하는 그림이나 사진에는 자신의 내면이 반영되기 마련이다. 친구에게 보내려고 고른 그림엽서에는 '나는 이런 사람'이라는 스스로 생각하는 자신의 이미지가 담겨 있다.

선택한 사람

나는 노력형 인간. 꾸준히 착실하게 열심히 한다

당신이 스스로에 대해서 품는 이미지는 '꾸준한 노력형'이다. 분명히 당신은 자신이 해야 할 일에 대해 언제나 최선을 다하는 사람일 것이다. 주위 사람이 게으름을 피우면 나만큼은 그러지 말아야지 하고 오히려 더 필사적으로 열심히 하는 타입이다. '내가 하지 않으면 다른 사람이 해야 한다'는 생각으로 모든 것이 당신의 어깨에 달려 있는 것처럼 느끼는지도 모르겠다.

선택한 사람

나는 느긋한 마이페이스형 인간. 천천히 여유 있는 삶을 즐기고 싶다

당신이 스스로에 대해서 품는 이미지는 '태평한 사람'이다. 분명히 당신은 스트레스가 많이 쌓이지 않도록 자신의 페이

스에 맞춰 살고 있을 것이다. 주위 사람들이 일이나 시간에 쫓기는 모습을 보면서도 자신은 '뭐, 어떻게 되겠지.' 하고 태평스럽게 받아들이는 타입이다. 쓸모없는 충돌은 피하고 원만한 인간관계를 유지하며 느긋한 인생을 즐기고 싶어하는 사람이다.

나는 발전 욕구가 강한 인간. 목표를 향해 나를 갈고 닦는다

당신이 스스로에 대해서 품는 이미지는 '높은 이상을 지니고 발전 욕구가 많은 나'이다. 분명히 당신은 언제나 눈앞에 목표를 설정하고, 그것을 달성하기 위해서 노력하는 사람일 것이다. 야심만만하며 자신에 대한 이상도 높아 '이런 사람이 되고 싶다'는 이미지가 확실한 사람이다. 공상에 가깝다기보다는 노력한다면 달성할 수 있는 목표와 계획을 세웠을 것이다.

나만의 세계를 중시하는 사람. 남들이 이해하지 못해도 상관없다

당신이 스스로에 대해서 품는 이미지는 '자기만의 세계를 중시하는 나'이다. 게다가 아무도 그 세계를 이해할 수 없다고 생각하는 면이 있는 것 같다. 자신과 같은 취미나 관심사를 가진 사람이 아니라면 이야기를 해봤자 지루하다고 생각하지 않는지? '다른 사람이 알아주지 않아도 상관없다'는 자세로 자기만의 세계에 열중하는 타입이다.

Test 01 진단 결과

선택한 사람

E 나는 외로움을 잘 타는 사람. 언제나 사람들과 유대감을 느끼고 싶다

당신이 스스로에 대해서 품는 이미지는 '외로움을 잘 타는 나'이다. 다른 사람들과 연결되어 있다고 느끼면 안심하는 타입으로, 언제나 누군가와 함께 있고 싶어하는 마음이 있는 것 같다. 또 자기보다 다른 사람을 더 배려하는 면도 있어서 '그 사람은 어떻게 지내고 있을까?' 하는 생각이 들면 곧장 "어떻게 지내?" "보고 싶다." 같은 메일을 보내거나 직접 전화를 할 것 같다.

선택한 사람

F 나는 인생을 끝까지 즐기고 싶은 사람. 행복을 찾아 행동한다

당신이 스스로에 대해서 품는 이미지는 '언제나 행복한 마음으로 살고 싶은 나'이다. 살면서 즐기지 않으면 손해라는 생각을 지닌 듯하다. 특히 젊을 때 여러 가지 경험을 쌓고 다양한 사람들과 인간관계를 맺고 싶다는 생각이 강해 보인다. 자신이 즐길 수 있는 것은 다른 사람들도 즐길 수 있다고 생각하여 친구를 이벤트에 초청하는 일도 있을 것이다.

이 테스트에서는 당신이 스스로에 대해서 품는 이미지와 함께 당신의 친구 관계를 알 수 있다.

A를 선택한 사람은 친구와 느긋하게 시간을 내서 어울릴 만한 여유가 많지 않은 것 같다. 멀어지기 쉬운 친구 사이지만, 그래도 '나는 여전히 열심히 살고 있다'는 것을 상대방이 알아주기를 바란다.

B를 선택한 사람은 친구와 빈번하게 연락을 주고받지 않아도 둘의 우정은 변하지 않을 것이라고 생각하는 것 같다. 그래서인지 오랫동안 만나지 못한 친구도 계속 그 연결 끈을 유지할 수 있다고 생각한다.

C를 선택한 사람은 친구란 라이벌 관계이기도 하다고 생각하는 것 같다. 그래서 '나는 언제나 열심히 뭔가를 하고 있다'는 것을 친구들이 알아주기를 바란다.

D를 선택한 사람은 자신의 세계를 이해하지 못한다면 친구가 되어봤자 소용없다고 생각하는 면이 있는 것 같다. 그래서 자연스럽게 어울릴 수 있는 친구는 적은 인원으로 제한해버리는 경향이 있다.

E를 고른 사람은 성실하게 자신이 먼저 연락을 하는 타입이다. 그러면서 상대방한테도 자신의 마음에 대해 따뜻한 말로 응답을 해줄 것을 기대하는 면이 강하다.

F를 고른 사람은 자신이 즐거워하는 일에는 적극적으로 친구도 끌어들이는 면이 있다. 그래서 친구들에게 "나는 행복한 인생을 보내고 있으니 다 함께 즐기자."라는 메시지를 보내고 싶어한다.

Test 02

무시무시한 괴물이 나타났다!

당신이 사는 마을에 무시무시한 파괴력을 가진 괴물이 나타났다. 그 괴물은 도대체 어디에서 나타났을까? 다음의 A~C 중에서 하나를 고른다면?

Ⓐ 바다에서

Ⓑ 우주 저 멀리에서

Ⓒ 땅 밑에서

Test 02 진단 결과

이 테스트에서는 당신의 마음속 깊은 곳에 숨어 있는 공포심을 알 수 있다. 괴물은 마음속 깊숙한 곳에 숨어 있는 공포를 나타낸다. 그 두려움을 이성으로는 제어할 수 없다. 괴물이 어디에서 왔는지에 대한 대답으로 당신의 마음속 깊숙한 곳에 어떤 공포가 숨어 있는지 알 수 있다.

스스로도 제어하지 못할 것 같은 '진정한 나 자신'을 보는 것이 무섭다

당신이 마음속 깊은 곳에서 두려워하는 것은 '무의식의 세계'이다. 그것은 자신의 본성을 아는 것에 대한 두려움이라고도 할 수 있다. 만약에 자신의 마음 깊숙한 곳에 있는 것을 건드리게 되면 치유할 수 없을 만큼 마음의 고통을 느끼지 않을까, 또 스스로 제어할 수 없는 격렬한 충동이나 사악한 생각들이 떠오르지 않을까, 혹은 결코 남들에게 말 못할 야한 망상이나 소망이 머리에 떠오르지는 않을까 하는 두려움이 당신에게 있는 것이 아닐까?

지금까지 경험한 적이 없는 천재지변이 무섭다

당신이 마음속 깊은 곳에서 두려워하는 것은 '알 수 없는 재난'이다. 예를 들어 결코 벗어날 수 없는 자연재해나 무시무시한 바이러스의 출현 같은 것들이다. 장래에 그러한 일이 일어날 것만 같아 공연히 불안을 키우는 면이 있다. 그런 당신은 한편으로 무서운 장면이 보고 싶어서 인류 멸망의 예언이나 무서운 질병, 범죄에 관한 프로그램에 흥미를 느끼는 일이 있지 않은지?

언젠가 찾아올 죽음과 질병으로 느끼게 될 고통이 무섭다

당신이 마음속 깊은 곳에서 두려워하는 것은 한마디로 '죽음'이다. 특히 자신의 몸이 쇠약해져서 움직일 수 없게 되거나, 죽기 직전에 느끼게 될지도 모르는 신체적인 고통이나 통증을 두려워하는 것 같다. 그래서 몸에 조금이라도 이상이 있으면 '심각한 병에 걸린 게 아닐까?' 하고 걱정에 휩싸여 어둡고 우울한 기분이 들지 않은지? 그러면서도 몸상태가 망가져도 병원에 잘 가지 않고 몸을 챙기지 않는 생활을 보내기 십상이다.

Test 03

넉 장의 카드 -
해, 달, 별, 구름

당신은 '해', '달', '별', '구름'이 그려진 네 종류의 카드를 사용하여 게임을 하고 있다. 게임 규칙은 처음에 네 장의 카드를 모두 받은 다음, 모으고 싶은 카드를 마음속으로 정하고 나서 필요 없는 카드를 버리고 원하는 카드와 교환하는 것이다. 당신이 모으고 싶은 카드는 어느 것인가? 또 어느 카드를 제일 먼저 버리겠는가?

Ⓐ 해

Ⓑ 달

Ⓒ 별

Ⓓ 구름

제1장 내가 아는 나, 남이 아는 나

Test 03 진단 결과

이 테스트에서는 당신이 지니는 정신 기능의 특징을 알 수 있다. 우리는 ① 이성 ② 감정 ③ 영감(이론적인 사고를 뛰어넘는 직감) ④ 유대감(나도 자연계의 일부라는 일체감)이라는 네 가지 정신 기능을 갖추고 있다. 이 테스트의 두 가지 대답에서 당신이 이런 정신들을 어떻게 받아들이고 어떤 마음자세를 갖는지 알 수 있다.

각각의 카드에 그려진 네 가지 그림은 인간이 지니는 네 가지 정신 기능을 나타낸다. 그림들이 상징하는 것은 다음과 같다.

- **A** 해 : 이성적인 측면(스스로에 대한 자신감과 긍지와 관련된다)
- **B** 달 : 감정적인 측면(스스로의 개성과 미의식과 관련된다)
- **C** 별 : 영적인 측면(고도의 지성과 관련된다)
- **D** 구름 : 유대적인 측면(자연이나 나를 둘러싼 세계와의 일체감과 관련된다)

모으고 싶은 카드 : 당신이 가장 신뢰하는 정신을 나타낸다

선택한 사람

자신감과 긍지를 갖고 적극적으로 사는 사람

해 카드를 고른 사람은 밝고 이성적인 측면을 신뢰하는 사람이다. 현실 사회에 관심을 가지며 '끙끙대며 고민하거나 공상의 세계에 빠져봤자 아무것도 바뀌지 않는다.'고 생각한다. 언제나 긍정적인 사고를 갖고 행동하며 적극적으로 살아간다. 어느 때라도 스스로에 대한 자신감과 긍지를 잃지 않고 목표를 향해 나아갈 수 있을 것이다.

선택한 사람

마음의 섬세한 움직임이나 신비로운 것에 관심을 갖는 사람

달 카드를 고른 당신은 감정적인 측면을 믿으며 사람 마음의 그림자에 끌리는 사람. 자신이 느낀 감정을 소중히 생각하며, 다른 사람의 마음의 움직임에도 민감하다. 합리성이나 효율성을 추구하는 것에는 그다지 흥미가 없고, 미스터리한 세계나 신비로운 세계에 매력을 느낀다. 자기 개성과 미의식을 소중히 하고, 인생의 비애나 고통에도 관심을 가질 줄 아는 사람이다.

선택한 사람

감정에 휩쓸리지 않고 냉정하게 대응할 수 있는 사람

별 카드를 고른 당신은 영적인 측면을 믿으며 인간의 지성이

Test 03 진단 결과

나 사고력에 끌리는 사람이다. 미신이나 소문을 믿는 일이 없고 또 감정에 휩쓸리는 일도 없으며 냉정하게 현실을 바라보려 한다. 이 타입의 사람은 미래를 예견하는 능력을 갖고 있으며, 논리를 넘은 직관력이나 깨달음으로 사물의 본질을 꿰뚫어볼 수 있다.

선택한 사람

언제나 느긋하고 안정된 기분을 유지할 수 있는 사람

구름 카드를 고른 당신은 유대감을 신뢰하며, 불확실하고 불안정한 이 세계의 현실을 있는 그대로 받아들일 수 있는 사람이다. 대지나 동물, 식물 등 자연을 사랑하고 '인간도 자연의 일부'라고 생각하는 타입이다. 현실 사회에서 스트레스나 불안, 고민이 있다고 해도 느긋한 마음으로 극복할 수 있을 것이다.

> **맨 처음 버리는 카드 : 당신이 가장 실감하기 어려운 정신을 나타낸다**

선택한 사람

'하면 할 수 있다'는 발전 욕구가 부족한 사람

해 카드를 처음에 버린 사람은 자신의 이성적인 측면을 별로 신뢰하지 않는 사람. '하면 할 수 있다'는 낙천적이고 발전하려는 욕구가 조금 부족한지도 모르겠다.

선택한 사람

이치나 이성으로 이해할 수 없는 것을 받아들이기 힘든 사람

달 카드를 처음에 버린 사람은 자신의 정서적인 측면에 그다지 관심을 갖지 않는 사람이다. 이성으로 분석할 수 없는 비합리적인 것이나 신비로운 일에 대해서는 받아들이려고 하지 않고, 이 세상의 신비로운 일에서 눈을 돌리는지도 모르겠다.

선택한 사람

머릿속에 생각과 고민거리가 많아 아이디어가 떠오르지 않는 사람

별 카드를 처음에 버린 사람은 아이디어나 영감이 잘 떠오르지 않는 사람이다. 평소에 '이렇게 하지 않으면 안 된다. 저렇게 하지 않으면 안 된다.'고 생각하거나 고민거리가 많아서 좀처럼 마음 편하게 지낼 수가 없는 것 같다.

선택한 사람

주위와 일체감을 느끼기가 어렵고 고립된 기분을 느끼는 사람

구름 카드를 처음에 버린 사람은 주위 사람이나 자연과의 일체감을 느끼기 어려운 사람이다. 왠지 주위 사람들이 자신을 받아들이지 않는다고 생각하거나, 고독이나 소외감을 느끼는 경우가 있지 않는지?

Test 04

좋은 일부터 전할까?
나쁜 일부터 전할까?

당신은 친구에게 부탁받은 용건을 전하기 위해서 친구 집으로 향하고 있다. 가는 길에 너무나 무서운 일과 아주 기쁜 일이 있었다. 당신은 친구를 만나서 맨 처음 어떤 일부터 전하겠는가?

A 무서웠던 일

B 기뻤던 일

C 부탁받은 용건

Test 04 진단 결과

이 테스트에서는 당신이 위기의 순간에 어떻게 행동하는지 알 수 있다. 사람들과 만날 때 맨 처음 무슨 이야기를 할까, 어떤 일을 이야기하지 않을까 등등 우리는 나름대로 우선순위를 정한다. 앞의 질문을 받은 당신은 먼저 용건을 이야기할까? 무서운 경험을 전하지 않고는 못 견디겠는가? 그 대답에서 당신이 위기 상황에서 어떻게 대처하는 타입인지 알 수 있다.

선택한 사람

'즉시 반응하는 타입'. 위기 상황일수록 생동감 있게 대응하며 설레발친다

위기 상황에 처했을 때 "이거 큰일났다!" 하고 금방 반응하는 사람이다. 어쨌든간에 가만히 있지 못하고 뭔가 하지 않으면 안 된다는 생각에 돌아다니거나, 누군가에게 그 일에 대해서 이야기하지 않고는 견딜 수가 없다. 당신은 고난이나 역경을 맞을수록 극적인 뿌듯함을 느끼고 생동감 넘치게 행동하는 면이 있다. 하지만 별로 대단한 일도 아닌데 설레발쳐서 주위 사람을 끌어들이는 떠들썩한 인간이 될 가능성도 있다.

선택한 사람

'낙천적인 타입'. '어떻게든 되겠지.' 하고 서두르지 않고 떠들지도 않는다

위기 상황에서도 '분명히 괜찮을 거야.' 하고 낙천적으로 생각하는 사람이다. 그다지 서두르지 않고 '어떻게든 되겠지.' 하며 느긋한 자세를 취한다. 어려운 일이 닥쳤을 때도 크게 우울해하지 않고 언제나 적극적인 자세를 유지한다. 하지만 서둘러 대처했으면 커지지 않았을 문제를 방치하는 바람에 나중에 큰 손해를 보거나, 주위 사람들에게 피해를 주거나, 자기 스스로 위기 상황에 빠져버리는 경우도 있을 것 같다.

선택한 사람

'순서를 따지는 타입'. '무엇을 해야 하는가?'를 생각하고 냉정하게 대응한다

위기 상황일수록 냉정해질 수 있는 사람이다. 어떤 문제가 발생했을 때 '먼저 무엇을 해야 하지?' 하고 순서를 생각하면서 냉정하게 대처하려고 한다. 힘겨운 고난이나 역경이 닥쳐도 감정적으로 흐트러지지 않고 단지 해야 할 일을 끝까지 해내려고 한다. 하지만 주위 사람들의 마음을 읽지 못하고 차갑게 대하거나, 자기 스스로의 기분을 잘 살피지 못하고 스트레스를 쌓아두어 몸의 건강을 해치는 등 나중에 대가를 치르게 될 수도 있다.

Test 05

친구들과 꽃구경 가며 맡은 역할은?

꽃이 만발한 계절에 친구들과 꽃구경을 가기로 하면서, 각자 한 가지씩 역할을 맡기로 했다. 당신은 어떤 역할을 맡겠는가? 다음 A~E 중에서 한 가지를 골라보자.

A 자리 맡기

B 음식 담당

C 회계 담당

D 레크리에이션 담당

E 사진 담당

Test 05 진단 결과

이 테스트에서는 당신이 다른 사람에게 알리고 싶지 않은 '마음의 어두운 면'을 알 수 있다.

자기가 하고 싶은 역할은 자신이 잘하는 분야일 것이다. 하지만 장점과 단점은 동전의 양면과 같아서 장점 이면에는 서투른 부분이 숨어 있다. 이 테스트에서는 다른 사람에게 알리고 싶지 않은 당신 마음의 어두운 부분을 진단한다.

A 원만한 인간관계 이면에 권위주의적인 면이 있는 듯

주위 사람들에게 맞춰 문제를 일으키지 않고 인간관계를 유지하려고 노력하는 사람이다. 사람들에게 편견과 선입견을 갖지 않고 누구와도 편가르지 않고 어울릴 수 있다. 하지만 그 이면에는 권위주의적인 면이 있어서 사회적으로 지위가 높거나 경제적으로 풍요로운 사람을 '훌륭한 사람'이라고 보고, 그렇지 않은 사람을 낮게 보는 면이 있는 것 같다.

B 남을 잘 돌봐주는 이면에 '나는 그렇게 되고 싶지 않다'는 면이

다른 사람이 당신에게 의지하면 거절하지 못하며, 전혀 싫은 내색 하지 않고 그 사람을 위해서 행동할 수 있는 사람이다. 자기가 돌보는 사람과는 싹싹하게 어울리며 유세부리는 일도 없다. 하지만 그 이면에는 자기가 사람들에게 돌봄을 받는 처지에 놓이게 될까 극단적으로 두려워하는 마음이 있다.

처지에 따라서 배려를 잘하는 이면에는 또 다른 내가 있다

협조적이고 언제나 예의바르며 주위 사람을 세세하게 배려하는 사람이다. 하지만 그 이면에는 자기보다 위에 있는 사람에 대한 강한 반항심이 있어서 상대방이 없을 때는 욕을 하거나 막말을 쓰는 경우가 있다. 자기 안에 또 다른 내가 있는 듯.

사람들과 싹싹하게 어울리는 이면에는 무관심한 면이

당신은 누구와도 거리낌없이 어울릴 수 있는 사람이다. 어떤 정해진 모임하고만 어울리는 일 없이 열려 있는 인간관계를 쌓으려고 한다. 하지만 그 이면에는 사람의 감정에 무관심하여 고통받는 사람이나 슬퍼하는 사람의 마음을 알려고 하지 않으며 냉혹하게 뿌리치는 면이 있다.

냉정하게 행동하는 이면에는 놀랄 만한 정열적인 면이

웬만해서는 감정적이 되지 않으며 어떤 일에도 냉정하게 대처할 수 있는 사람이다. 인간관계 면에서도 좋고 싫음에 좌우되지 않으며 이성적으로 관여하려고 한다. 하지만 그 이면에는 힘이 넘치는 면이 있어서 흥미를 갖는 일이나 사람에 대해 광적인 집착과 고집을 갖고 미친 듯 정열을 쏟는 일도 있을 듯.

Test 06

어이쿠, 밟을 뻔했네!

길을 걷다가 당신은 뭔가를 밟을 뻔했다. 아슬아슬하게 발을 멈추고 살짝 비켜 지나갔는데 발밑에는 대체 무엇이 있었을까? 다음 A~C 중에서 하나를 고른다면?

Ⓐ 작은 곤충

Ⓑ 이름 모를 꽃

Ⓒ 작은 돌

Test 06 진단 결과

이 테스트에서는 당신이 인생에서 소중하게 생각하는 것을 알 수 있다.

당신이 밟지 않으려고 한 것은, 평소에는 너무나도 당연하게 받아들여서 의식하지는 않지만, 사실은 당신이 마음속 깊은 곳에서는 소중하게 생각하는 것이다. 작은 곤충은 생명 그 자체, 이름 모를 꽃은 사랑과 상냥함, 작은 돌은 있는 그대로의 자신이나 사람의 존재를 나타낸다.

평온한 마음으로 생활할 수 있는 시간과 공간이 중요하다

작은 곤충의 생명을 아끼는 당신은 대단히 순수하고 욕심이 없는 사람이다. 돈이나 물건에 대한 집착이 없고 야심이나 경쟁심, 유명해지고 싶어하는 욕망도 희박한 것 같다. 그래서 주위의 영향을 받지 않고 조용하고 침착한 나날을 보내기를 바랄 것이다. 당신이 소중하게 간직하고 싶은 것은 남들에게 간섭을 받지 않고 혼자서 좋아하는 일에 집중할 수 있는 시간과 공간이다.

마음을 윤택하게 해주는 취미 시간이 소중하다

이름 모를 꽃을 소중히 하는 당신은 매우 자상하고 애정이 넘치는 사람이다. 자신을 순진하고 상처받기 쉬운 인간으로 생-

각하는 것 같다. 그래서 정서적인 풍요를 추구하고 마음을 윤택하게 해줄 수 있는 아름다운 것들을 추구할 것이다. 당신이 소중하게 여기는 것은 훌륭한 그림을 감상하거나 음악을 듣거나 영화를 보거나 하면서 스스로의 마음을 풍요롭게 하는 취미를 즐기는 시간이다.

항상 함께하지 않아도 자연스럽게 어울릴 수 있는 인간관계가 중요하다

작은 돌을 피하려고 한 당신은 매우 마음이 넓은 사람이다. 분쟁이나 다툼을 좋아하지 않고 편가르기나 파벌싸움을 싫어한다. 그리고 자기 주위의 사람들이 서로 우호적인 관계를 맺으며 지내는 평화로운 상태를 바라고 있다. 그런 당신이 소중히 하는 것은 서로가 있는 그대로의 모습을 받아들이고, 필요할 때 서로 도우면서도 평소에는 너무 멀지도 가깝지도 않은 거리를 유지할 수 있는 인간관계이다.

Test 07

용서할 수 없는 사람은 누구?

괴롭힘을 당하는 아이가 있다. 괴롭히는 사람이야 물론 나쁘지만, 그 밖에도 당신을 가장 화나게 하는 사람은 누구일까? 다음 A~C 중에서 골라보자.

A 괴롭힘을 당하는 아이

B 본척만척하는 아이

C 같이 괴롭히는 아이

Test 07 진단 결과

이 테스트에서는 당신이 남에게 배신당했을 때 어떤 반응을 보일지 알 수 있다.

괴롭힘은 누구에게나 스트레스로 느껴지기 마련이다. 괴롭힘을 당하는 본인이나, 주위 사람이 취하는 태도를 어떻게 느끼는가에 따라서 당신이 배신당하거나 상처받았을 때 상대방에게 어떤 생각을 갖는지 알 수 있다.

선택한 사람

'복수할 거야! 짓밟아버릴 거야!'. 복수심과 분노가 솟구치는 타입

자신의 나약함을 인정하고 싶지 않은 사람이다. '당한 만큼 다시 돌려준다'는 복수심이 왕성하여 사람들한테 배신당하거나 상처받으면 '밟아버릴 거야, 복수할 거야.'라는 마음이 강해지는 것 같다. 거기에는 마음 깊은 곳에서 솟아나오는 강한 분노가 있고, 그 분노야말로 당신을 채찍질하는 힘이 된다. 단, 그 에너지를 복수심에 사용하지 말고 자신을 갈고 닦는 힘으로 만들어보자.

상대의 잘못을 철저하게 따지는 타입

잘못을 저지르고 싶지 않은 사람이다. 나쁜 일이나 부당한 일을 보면 간과하지 않으며, 다른 사람에게 배신당하거나 상처를 받더라도 내가 잘못한 것이 없다고 생각하면 철저하게 상대를 추궁하여 그 사람의 잘못된 점을 고쳐주려 한다. 정의감이야말로 당신을 채찍질하는 힘이 되는 것 같다. 단, 그 정의감이 남을 심판하거나 '벌 받아야 해.' 하는 감정 쪽으로 지나치게 기울지 않도록 주의하자. '세상에는 여러 사람이 있지.' 하는 넓은 아량을 키우길.

상대를 냉정하게 내려다보고 거리를 두는 타입

어리석은 사람이 되기 싫은 사람이다. 스스로 똑똑한 사람이고 싶고 어리석은 사람과는 어울리고 싶지도 않다고 생각하기 때문에 사람한테 배신당하거나 상처를 받아도 마음의 어딘가에서 상대방을 싸늘하게 내려다보는 면이 있다. '나는 언제나 이상적인 내 모습을 유지하고 싶다.'는 생각이야말로 당신을 채찍질하는 힘이 된다. 단, 그것이 단순히 다른 사람을 얕잡아보는 경멸의 마음이 되지 않도록 주의하고 겸손함을 지니도록.

Test 08

지름길을 갑자기 막다니!

아래의 만화를 읽고 네 번째 칸에서 주인공이 할 대사를 A~C 중에서 골라보자.

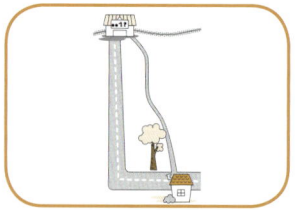

❶ 역으로 가는 좁은 지름길이 있다.

❷ 항상 사람들이 지나가기 때문에 나도 매일 이용하는데…….

❸ 어느 날 '통행금지'라는 간판이 서고 지나갈 수 없게 되었다!

❹ 그때 내가 무심코 내던진 말은?

A "네? 그런 결정을 누가 내렸어요?"

B "어머, 죄송해요."

C "그럼 어느 길로 가야 하지요?"

Test 08 진단 결과

이 테스트에서는 결정적일 때 나타나는 당신의 승부 근성과 실력을 발휘하는 방법을 알 수 있다.

순간적인 반응에는 그 사람의 개성이 나타나기 마련이다. 이 테스트에서는 예상하지 못한 상황에 직면했을 때의 반응에서 당신이 결정적일 때 승부 근성이나 실력을 발휘하는 방법을 알 수 있다.

선택한 사람

한판 승부에 강한 타입! 평소 실력 이상으로 힘을 발휘할 수 있을 것 같다

자기 마음대로 안 되는 일이 있으면 화가 나고 사람이나 물건에 화풀이하고 싶어지는 당신. 하지만 본래는 결단력과 실천력이 있고, 이때다 싶을 때 행동으로 옮길 수 있는 타입이다. 배짱이 있고 한판 승부에 강한 사람이다. 신중하고 주도면밀한 준비가 필요한 경우보다 그 자리에서 내리는 순간적인 판단이나 행동이 승패를 가르는 승부에서 이길 확률이 높다.

선택한 사람

평소의 노력이 효력을 발휘하는 타입! 익숙한 장소에서 실력을 발휘한다

다른 사람이 자신의 의견을 따르지 않아도 그 자리에서는 내세우지 않다가 나중에야 중얼중얼 불만을 꺼내는 당신. 하지만 본래는 협동심이 있고 주위 상황에 맞춰서 자신이 취해야 할 행동을 생각하는 타입이다. 이 타입은 압력이 가해지면 긴장하기 쉬우며, 한판 승부는 그다지 좋아하지 않는다. 익숙하지 않은 장소에서는 평소 실력을 발휘하지 못하고 끝날 것 같다.

C 선택한 사람

끈기로 이기는 타입! 준비기간을 둠으로써 남보다 갑절로 실력을 발휘한다

뭔가 거부감이 느껴지면 마음속에서 자신을 지키는 벽을 만들어버리는 당신. 집중력과 끈기가 있고 사물에 대해서 골똘하게 몰두하는 타입이다. 이 타입은 무엇을 하든 그것에 맞는 나름의 준비기간이 필요하고 한판 승부는 좋아하지 않는다. 오히려 처음 성적이 나쁠지라도 장기전에서 끈기 있게 임하면 최후에 정상의 자리에 오르는 일이 있을 것 같다.

Test 09

동성 친구에 대한 질투심은?

다음 ①~⑮ 까지의 항목에서 자신과 맞는 것은 2점, 맞지 않는 것은 0점, 어느 정도 맞거나 판단하기 어려우면 1점으로 계산하여 □ 안에 점수를 적자. 그리고 질문에 대한 대답이 끝나면 합계를 내보자.

- □ ① '기쁘다', '외롭다', '슬프다' 등 감정을 나타내는 말을 잘 쓴다.
- □ ② 새로운 옷이나 평소 취미와 관련된 물건을 고를 때 가게 앞에서 이것저것 고민한 끝에 결국 사지 않는 경우가 많다.
- □ ③ 둔한 사람을 보고 "나도 저렇게 뻔뻔했으면 좋겠다."며 자신의 섬세함을 가끔 난감해한다.
- □ ④ 화려한 액세서리는 자신한테 맞지 않으며 취향이 낮다고 생각한다.
- □ ⑤ 상대방의 외모가 자신의 취향인가 아닌가에 따라 대하는 태도가 달라진다.
- □ ⑥ 홍차잔이나 서양식 그릇 등은 아름다운 꽃 모양이 그려져 있는 것을 좋아한다.
- □ ⑦ 큰 번개가 칠 때나 거미 같은 기분 나쁜 곤충을 보면 "으아~." 하고 비명을 지르고 만다.
- □ ⑧ 특별히 병이나 몸에 안 좋은 곳이 있는 것은 아니지만, 자기가 보통 사람보다 체력이 약하고 쉽게 피곤해한다고 생각한다.

- ☐ ⑨ 중·고등학교 때 이성을 사귀어본 적이 없으며 거의 동성 친구하고만 이야기를 나누었다.
- ☐ ⑩ 일이 잘 진행되지 않을 때는 '너만은 나를 알아주겠지.' 하고 사이좋은 친구한테 푸념을 늘어놓는다.
- ☐ ⑪ 야한 이야기나 음담패설을 하는 사람이 있지만 나는 절대 그런 주제로 이야기하지 않는다.
- ☐ ⑫ 내가 한 말 때문에 상대의 기분이 상한 것이 아닐까 싶어 일단 신경이 쓰이면 "나쁜 뜻으로 한 말이 아니야." 하고 덧붙이지 않고는 견딜 수가 없다.
- ☐ ⑬ 텔레비전에 싫어하는 연예인이 나오면 "저 사람 싫어." 하고 말해버리고 만다.
- ☐ ⑭ 평소에 별 생각 없이 턱을 손으로 괴어 턱받침을 하고 한숨을 쉬는 경우가 많다.
- ☐ ⑮ "내가 저 사람보다 낫다."거나 "저 사람보다 행복하다."고 다른 사람과 비교함으로써 스스로를 설득하려고 하는 일이 있다.

합계

점

Test 09 진단 결과

이 테스트에서는 당신의 동성에 대한 질투심이 어느 정도인지를 알 수 있다.
'질투'라고 하면 연인이나 좋아하는 사람에게 갖는 감정이라고 생각하기 쉽다. 하지만 사실은 동성에 대한 질투도 있어서 이것이 무의식적으로 친구 관계에 영향을 주고 있다. 이 테스트에서는 자신이 동성에 대한 질투심이 얼마나 강한지 알 수 있다.

점 이하인 사람

'질투심 30%'. 친구의 성공이나 행복을 마음 편하게 받아들인다

그다지 질투심이 강한 사람이 아니다. 평소에 다른 사람과 자신의 능력을 비교하거나 남의 행복을 시샘하지 않고, 주위 사람에 대해서 담담한 마음으로 대하고 있지 않은지? 친구가 행복해하거나 성공한 모습을 보고서 어쩐지 부럽다고 여겨도 스스로 잘 받아들이고 여유 있게 처리할 수 있을 것이다.

점인 사람

'질투심 60%'. 평소에는 숨기고 있지만 상당한 질투심의 소유자

질투심이 강한 편이다. 하지만 평소에는 질투심이 겉으로 드러나는 일이 그다지 없을 것이다. 아마도 스스로 마음에 여유가 있는 타입이라고 생각하고 있으며, 주위에서도 그렇게 보

는 것이 아닐까? 하지만 막상 친한 친구가 성공했다는 사실을 알거나 행복해하는 모습을 보면 질투심이 마구 솟아나 괴로워할 것이다.

20 점 이상인 사람
'질투심 90%'. 자신한테 없는 것을 갖는 사람은 모두 질투의 대상

매우 질투심이 강한 사람이다. 평소에도 자신에게 부족한 면이나 자기한테 없는 것을 갖추고 있는 사람에 대해서 비뚤어진 생각을 갖고 곧잘 시샘하는 면이 있는 것 같다. 예를 들면 친구나 아는 사람들 중에 재능이 풍부한 사람이나 매력적인 사람, 사람들에게 인기가 있는 사람, 내가 못해 본 경험을 해본 사람, 그런 사람들 모두가 당신의 질투 대상이 될 수가 있다.

> 질투심에 사로잡혀 괴로울 때는 잠시 상대와 거리를 두고 자신 안의 괴로운 감정을 식힐 수 있도록 시간을 가지자. 그러면 그 사람의 장점이나 좋은 면이 떠올라 전과 같이 친하게 지내려는 마음이 다시 생겨날 것이다.

제1장 내가 아는 나, 남이 아는 나

Test 10

동성 친구를 질투하는 행동은?

Q1에서 시작하여 '예', '아니오'의 화살표를 따라가 보자.

Q1 START
친구의 결혼식에서 사회를 부탁받으면 당연히 제의를 받아들인다.

예 ⇨ Q2 로
아니오 ⇨ Q4 로

Q2
텔레비전 보도 프로그램의 캐스터나 버라이어티 쇼의 해설자 같은 일을 해보고 싶다.

예 ⇨ Q5 로
아니오 ⇨ Q3 으로

Q3
칭찬받은 일보다 욕먹은 일을 더 잘 기억하고 있다.

예 ⇨ Q8 로
아니오 ⇨ Q11 로

Q4
아무리 우울해도 사람 앞에서면 싹 분위기를 바꿀 수 있다.

예 ⇨ Q5 로
아니오 ⇨ Q6 으로

Q5
좋은 아이디어라면 "이거 내가 좀 쓸게." 하면서 다른 사람 아이디어라도 금방 써먹는다.

예 ⇨ Q8 로
아니오 ⇨ Q7 로

Q6
주위에서 권하면 선거에 입후보해도 좋을 것 같다고 생각한다.

예 ⇨ Q7 로
아니오 ⇨ Q9 로

Q7
말하기보다 쓰기를 더 잘한다. 블로그 등에서 글을 쓰는 것이 즐겁다.

예 ⇨ Q9 로
아니오 ⇨ Q10 으로

Q8
누구나 다 아는 명품은 갖고 싶지 않다.

예 ⇨ Q10 으로
아니오 ⇨ Q11 로

Q9
지금 현재의 일보다 옛 추억이나 상상의 세계가 더 현실감 있게 느껴진다.

예 ⇨ C 타입
아니오 ⇨ Q13 으로

Q10
다른 사람에게 인정받아야만 노력한 보람이 있다고 생각한다.

예 ⇨ Q12 로
아니오 ⇨ Q13 으로

Q11
이성 친구보다 동성 친구가 더 믿음이 간다.

예 ⇨ Q12 로
아니오 ⇨ A 타입

Q12
손해를 본다고 해도 자기 의견이나 주관, 주장은 굽히고 싶지 않다.

예 ⇨ B 타입
아니오 ⇨ A 타입

Q13
다른 사람에게 "당신은 잘못됐어."라든지 "비상식적이다."라는 말을 들으면 "뭐가?" 하고 되받아치고 싶어진다.

예 ⇨ B 타입
아니오 ⇨ C 타입

Test 10 진단 결과

이 테스트에서는 동성에 대한 질투심에 사로잡혔을 때의 행동 패턴을 알 수 있다.
테스트 9에서는 동성에 대한 질투심을 진단했는데, 이 테스트에서는 '당신이 동성에 대해 질투심이 일어났을 때 과연 어떻게 행동을 하는가?'를 판단한다.

타입

비겁한 수단을 써서라도 라이벌의 발목을 잡는 타입

언제나 우월감을 느끼고 싶어하는 타입이다. 남보다 배로 경쟁의식이 강하고 자기가 정상에 서 있어야 하는 사람이다. 자신의 가까이에 조금이라도 우수하고 인기가 많은 사람이 있으면 마음대로 그 사람을 라이벌로 여기고 '절대로 지고 싶지 않다!'는 마음이 강해진다. 그리고 그 사람의 명예를 훼손시키는 말을 하거나, 때로는 거짓말을 섞어서 비겁한 방법으로 라이벌의 발목을 잡으려고 할지도 모른다.

타입

결점을 지적하는 등 질투 섞인 행동을 하는 타입

의심의 여지없이 질투쟁이다. 자신이 이루고자 하는 일과 같은 분야에서 성공하는 사람을 보면 마음이 안절부절못하고, 결국 다른 사람에게 그 사람을 비판하는 것으로 그 감정을 표출하는 경향이 있다. "저 사람한테는 이러한 결점이 있다."거나 "모두 인정해주는 것 같지만 나는 인정하지 않는다."고 말하는 등 스스로는 올바른 비판을 한다고 생각할지도 모르지만, 다른 사람은 그것이 질투임을 알아차릴 것이다. 평소에는 '다른 사람은 다른 사람이고 나는 나'라는 분별이 있는 사람인데…….

질투를 느끼는 순간 상대에 대한 태도가 급변하는 타입

어두운 질투심이 정념의 불꽃이 되어 활활 타오르는 타입이다. 특히 친한 친구의 행복이나 성공을 시샘하기 쉬운 경향이 있다. 예를 들면 같은 길을 추구하던 친구가 자기보다 조금이라도 앞서 가면 갑자기 그 사람이 미워져서 말을 잘하지 않게 되거나 한다. 기분과 감정이 고르지 못하고 변덕이 심해 그것이 그대로 상대를 대하는 태도로 드러나기 쉽다. 게다가 그 태도의 변화에 대해서 스스로는 눈치채지 못하는 면도 있을 듯.

테스트 9에서 질투심이 높았던 사람은 위의 진단 결과처럼 마음의 변화에 사로잡히는 경향이 있다. 반대로 질투심이 낮았던 사람은 이러한 경향이 전혀 없느냐 하면 그렇지는 않고, 실제로 행동으로 나타나지는 않아도 머릿속에서 그런 감정이나 생각이 솟아오르는 일이 있을 것이다.

Test 11

엄마, 과자를 사주세요!

오늘은 축제날이다. 떠들썩하게 축제가 열리는 곳에서 한 엄마가 한 아이에게만 과자를 사주지 않았다. 이 아이는 마음속으로 어떤 생각을 했을까? 다음 A~C 중에서 하나를 골라보자.

A   '상관없어. 별로 먹고 싶지도 않아.'

B   '이따가 몰래 내 용돈으로 살 거야.'

C   '왜 나만 사주지 않지?'

Test 11 진단 결과

이 테스트에서는 당신이 스스로 운이 좋고 나쁨을 어떻게 느끼는가를 알 수 있다.

원하는 것을 갖지 못할 때 자신의 마음과 어떻게 타협하는가? 스스로를 이해시키는 방법에도 그 사람 나름대로 습관이 있다. 그 습관에 따라서 당신이 운이 좋고 나쁨을 어떻게 생각하는지 알 수 있다.

선택한 사람

자기 혼자만 불행의 별에서 태어난 것처럼 느끼는 '삐뚤어지는 타입'

'다른 사람은 모두 운이 좋은데 나에게만 기회가 오지 않는다.'고 생각하는 사람이다. 분명 더 즐겁고 운 좋은 인생이 있을 텐데, 원하는 대로 일이 전혀 돌아가지 않으면 비뚤어져서는 "도대체 왜?" 하고 소리 지르고 싶어지는 때가 있지 않은지? 하지만 사실은 누구에게나 기회가 있는 법. 당신이 그것을 깨닫지 못했을 뿐이다. 다시 생각해보면 당신한테도 "그 때는 운이 좋았어." 하고 얘기할 만한 일이 분명 있었을 것이다. 지금까지 살아온 인생에 대해서 더 감사하는 마음을 가지도록.

운이 좋았던 일만 기억하고 인생을 즐기는 '약은 타입'

'내가 남보다 무슨 일이든 잘해낼 수 있어. 기회는 절대로 놓치지 않겠다.'고 생각하는 사람이다. 실제로 자신한테 기회가 많았고, 지금까지 인생을 살면서 나름대로 잘해왔다고 생각하지 않는지? 하지만 현실적으로 실패했거나 마음대로 잘 안되는 일도 있었지만 그런 일들은 별로 기억하지 못하는 것 같다. 약삭빠르고 좋은 일만 기억하는 인생도 즐겁지만, 실패하거나 좌절한 경험을 잘 받아들여서 때로는 가혹한 현실을 직시하는 태도를 겸비하면 좋을 것이다.

운이 좋든지 말든지, 자신의 인생에 무관심한 '멍한 타입'

'인생이나 일이 잘 풀리는가 아닌가는 내 스스로 어떻게 할 수 없는 것'이라고 생각하는 사람이다. 어딘가 방관자적인 면이 있으며 눈앞의 기회를 눈치채지 못하거나, 벌써 행운을 손에 넣었으면서도 깨닫지 못하는 일이 있을 것이다. 그런 반면 뜻대로 되지 않는 일이 있어도 크게 고민하거나 우울해지는 일 없이 담담하게 처리해나갈 것이다. 그런 당신은 아주 행복하면 두려운 마음을 갖는 타입으로 너무 욕심이 없는지도 모른다. 당신의 인생에 더 욕심을 내도 좋지 않을까?

Test 12

퇴근 못하는 동료에게 할 말은?

사무실에서 일하다 끝날 시간이 되어 "이제 집에 가볼까?" 하며 일어서려 한다. 다음 만화를 읽고 네 번째 칸에서 주인공이 할 대사를 A~C 중에서 하나를 골라보자.

❶ 오늘 회사에서 열심히 일했다.

❷ 퇴근시간이 되어 친한 동료한테 같이 가자고 했더니······.

❸ 일이 남아서 퇴근하지 못한다고 내답한다.

❹ 당신이라면 동료에게 뭐라고 말 할까?

A "내가 도와줄게."

B "그래? 그럼 먼저 갈게."

C "내일 하면 안 돼?"

Test 12 진단 결과

이 테스트에서는 당신의 긍정적인 사고방식의 특징을 알 수 있다.

누구에게나 사물을 긍정적으로 받아들이는 능력이 있다. 누구라도 긍정적인 사람이 될 수 있는 것이다. 하지만 사람에 따라 그 양태가 다르게 나타난다. 이 테스트에서는 당신의 긍정적인 사고방식이 어떤 특징을 지녔는지 알 수 있다.

선택한 사람

A 불행한 사람과 자신을 비교함으로써 긍정적인 마음을 격려하는 타입

'이 세상에 불행한 사람이나 윤택하지 못한 환경에서 사는 사람에 비하면 나는 아직도 행복한 축에 속하니까 감사해야지.' 이것이 당신이 긍정적으로 생각하는 모습이다. 자기보다 불행한 사람이나 환경이 나쁜 사람과 비교함으로써 자신을 격려하고 힘든 일에 맞서려고 하는 타입.

▶**이 타입의 함정** 정말로 힘든 때에도 "나는 괜찮아." 하고 아무렇지도 않은 표정을 지으며, 있는 힘껏 최대한 무리하여 노력한다. 하지만 당신에게도 다른 사람이 도와줬으면 좋겠다고 생각할 때가 있을 것이다. 도와주기를 바라는 마음을 솔직하게 표현하는 편이 서로 속마음을 터놓을 수 있으며 사람들과의 유대관계도 더 잘 이어갈 수 있을 것이다.

선택한 사람

재빠른 사고의 전환이 긍정적인 면으로 이어지는 타입

'안 좋은 기억은 될 수 있으면 빨리 잊어버리고 즐거운 일을 생각하자. 무슨 일이든 언제나 좋은 쪽으로 해석하자.' 이것이 당신이 긍정적으로 생각하는 모습이다. 부정적인 일은 생각하지 않고 항상 앞을 보는 타입. 그런 당신은 사고의 전환이 빠른 낙천주의자라고 할 수 있다.

▶**이 타입의 함정** 단순히 싫어하는 일이나 하기 싫은 일을 피해가려고 자기한테 불리한 것은 핑계를 대면서 스스로를 속이고 있을 뿐인지도 모른다. 일부러 싫어하는 일이나 하기 싫은 일에 매진해보라. 훨씬 다양한 일을 하면서 만족감을 얻을 수 있을 것이다.

선택한 사람

별것 아니라고 생각하며 긍정적인 마음을 유지하는 타입

'어떻게든 되겠지. 초조해봤자 소용없어. 그러니 무슨 일이 일어나도 허둥지둥하지 않도록 마음을 굳게 먹어야지.' 이것이 당신이 긍정적으로 생각하는 모습이다. 뭔가 문제가 생겨도 그것을 과소평가하고 별일 아니라고 함으로써 마음의 냉정함을 지키는 타입.

▶**이 타입의 함정** 자신의 감각을 둔하게 마비시켜서 귀찮은 일을 방치해두는 경우가 있을 것이다. 위기감을 갖고 재빨리 대처하도록 하자.

Test 13

복권 당첨 때 기부 수준은?

복권에 당첨되어 거금을 받았다. 매우 기뻐하며 돌아다니다 보니 한 봉사단체 사람들이 모금함을 들고 있었다. 당신이라면 어떻게 할까? 다음 A~D 중에서 하나를 골라보자.

A 기부하지 않고 잠자코 지나친다.

B 겨우 몇십만 원 정도만 모금함에 넣는다.

C 100만 원~150만 원 정도 넣는다.

D 복권에 당첨된 돈을 몽땅 넣는다.

Test 13 진단 결과

이 테스트에서는 당신이 사람들에게 얼마나 고마워하는지를 알 수 있다. 사람들은 모두 서로 도와주면서 의지하며 살아가기 마련이다. 복권으로 당첨된 금액은 당신이 다른 사람들에게 받은 도움을 의미하고, 모금함에 넣은 금액은 당신이 다른 사람에게 도움을 베푼 것을 나타낸다. 선택한 대답에서 당신이 다른 사람들에게 어떤 고마운 마음을 갖는지 알 수 있다.

선택한 사람

'고마운 마음 10% 이하'. '감사할 일도 감사를 받을 일도 없다.'고 생각하는 사람

고마워하는 마음이 전혀 없는 사람이다. 자기는 다른 사람들에게 도움을 받아본 적도 없고, 따라서 고마워해야 할 일도 없다는 생각이 강하다. 더욱이 스스로 누군가를 위해서 뭔가를 해주려는 마음도 거의 없어 보인다. '믿을 수 있는 사람은 결국 나밖에 없다.'고 생각하는 것 같은데, 과연 인생이란 그런 것인지?

선택한 사람

'고마운 마음 20%'. 다른 사람에게 도움받은 일을 쉽게 잊어버리는 사람

당신은 타인에 대한 감사의 마음이 적은 사람이다. 오히려 자기가 다른 사람에게 감사를 받아야 하는 처지라고 느끼는 것 같다. 자기가 타인을 도와준 것은 세세한 일도 기억하는 반면, 다른 사람에게 도움받은 일은 금방 잊고 만다. 이른바 배은망덕한 사람이라고 할 수 있을 것이다.

선택한 사람

'고마운 마음 40~60%'. 타인에게 감사하는 마음은 있지만 나도 감사를 받고 싶은 사람

비교적 감사하는 마음을 갖는 사람이다. 자기가 다른 사람한테 베푼 것보다 더 많은 도움을 받았다고 느끼고, '주위 사람의 도움 덕분에 지금 내가 있다.'고 생각하는 타입이다. 그런 반면 자기가 다른 사람에게 해준 것도 잘 기억해서 그 일에 대해 상대방에게서 고맙다는 인사가 없으면 의외로 꽁하게 생각할 수도 있다.

선택한 사람

'고마운 마음 80% 이상'. 사람에 대한 감사의 감정으로 가득한 사람

감사의 마음으로 가득한 사람이다. 나는 사람들에게 도움을 받고 있으며 그 사람들 덕분에 살고 있다는 마음이 강하다. 자기가 다른 사람에게 해준 것보다도 다른 사람에게 도움을 받은 것이 몇 배나 더 많다고 느낄지도 모른다. 단지 이런 사람들 중에는 좋은 사람처럼 보이려고 행동하는 사람이 있을 수도 있다.

Test 14

악마의 속삭임에 넘어갈까?

다음 ①~⑮의 항목에서 자신에게 맞는다고 생각되면 2점, 맞지 않는 것은 0점, 둘 다 아니거나 비슷하면 1점으로 점수를 매겨 □ 안에 적어보자. 그리고 질문에 대한 대답이 끝나면 합계를 내보자.

- □ ① 복잡한 일은 생각하기도 귀찮고 누가 꺼내는 것도 싫다.
- □ ② 두 시간짜리 서스펜스 드라마 같은 살인사건을 다룬 드라마를 자주 본다.
- □ ③ 내가 없는 곳에서 다른 사람이 나에 대해 뒷담화를 하는 느낌이 든다.
- □ ④ 아침에 일어났을 때나 일상에서 문득 과거의 불쾌한 일이나 안 좋은 기억이 떠오른 적이 있다.
- □ ⑤ 사람이 붐비는 곳에서 다른 사람과 부딪칠 뻔하면 무심코 "쳇." 하고 혀를 차려고 한다.
- □ ⑥ 내 말이나 행동에 대해 나중에 사람들이 "그때 그랬지?" "그런 얘기 했지?" 하고 말해도 잘 기억나지 않는 경우가 많다.
- □ ⑦ 언제나 마음의 어딘가에서 스스로를 비난하는 마음이 있다.
- □ ⑧ 보고 싶지 않고 듣고 싶지 않은 일은 안 보고 안 듣는다는 주의이다.

- ⑨ 일이나 공부, 스포츠, 취미에 열심인 사람을 보면 대단하다 싶지만, 자신은 그렇게 열심히 하려고 하지 않는다.
- ⑩ 인생의 성공 여부는 태어난 집안의 가정환경에 의해 크게 좌우된다고 생각한다.
- ⑪ 나중에 생각해보면 큰 문제도 아니었는데 그 순간에는 혼란에 빠져 소란을 피운 일이 몇 번 있다.
- ⑫ 인터넷 게시판이나 블로그에 익명으로 다른 사람의 험담을 올린 적이 있다.
- ⑬ 직장이나 주변에 잘 안 맞는 사람이 있어서 '저 사람만 없었으면……' 싶다.
- ⑭ 복권 같은 데 당첨되어 쉽게 생긴 돈으로 편하게 살고 싶다고 생각한다.
- ⑮ 판단이 힘들 때는 주위 사람의 행동에 맞추는 경우가 많다.
- ⑯ 사람들이 한 이야기는 그대로 받아들이지 않고, 그 숨은 뜻을 의심하곤 한다.

합계

점

Test 14 진단 결과

이 테스트에서는 당신이 마가 끼기 쉬운 사람인지 아닌지를 알 수 있다. 나중에 생각해보면 '왜 이런 일을 했을까?' '그런 말을 왜 했을까?' 하고 후회하는 일이 있다. 누구나 냉정한 판단력을 잃고, 악마의 속삭임에 넘어가는 순간이 있기 마련이다. 이번 테스트에서는 당신이 마가 끼기 쉬운 사람인지 어떤지 진단한다.

22점 이상인 사람

'마가 끼는 지수 90%'. 후회만 하는 인생이 아닌지?

마가 끼기 쉬운 사람이다. 왠지 일이 도중에 잘 풀리지 않거나, 인간관계가 나빠지는 일이 많지 않은지? 그것은 당신이 곧잘 우울해하고 부정적이고 사악한 생각에 쉽게 사로잡혀 어두운 마음이 부정적인 선택을 하게끔 하는 것이다. 행동을 하기 전에 마음속의 소리가 나한테 해로운 유혹의 속삭임이 아닌지 잘 구분하도록 하자.

11~21점인 사람

'마가 끼는 지수 60%'. 스트레스가 심하거나 불안할 때는 요주의!

예기치 못했을 때 마가 끼는 사람이다. 평소에는 상식적인 판단을 할 수 있는데, 스트레스가 많거나 불안감에 빠지면 자기 자신을 잃고 마음이 암울하게 가라앉아버린다. 그럴 때 문득 부정적이고 사악한 생각에 사로잡혀 후회할 일을 해버릴 수 있다. 자기 마음이 어디로 기우는지 주의하고, 마음이 어두워지면 그 기분 그대로 행동하지 않도록 생각을 잠시 멈추도록 하자.

10 '마가 끼는 지수 30%'. 언제나 마음의 움직임을 파악해 행동한다

점이하인 사람

마가 끼는 일이 거의 없는 사람이다. 평소에 마음의 움직임을 포착하여 자신이 어떤 심리상태인지 파악하고 있을 것이다. 침울해지거나 마음이 가라앉는 일이 있어도 부정적이고 사악한 생각에 지배되지 않고 평소처럼 밝은 기분을 유지할 수 있다. 그렇다고는 해도 누구에게나 마가 끼는 순간은 있는 법이다. 어떤 일이 있어도 자기 자신을 잃지 않도록 해야 할 것이다.

> 천사와 악마에 비유하자면 마음속에서 솟아나는 어두운 감정이나 사악한 생각은 '악마의 속삭임', 그리고 언제라도 희망을 주고 내면의 평화와 안정을 가져다주는 긍정적인 감정은 '천사의 속삭임'이라 할 수 있다. 천사와 악마의 목소리를 잘 구분하여 천사의 목소리를 따르는 것이 행복으로 가는 길이라 하겠다.

Test 15

화재 현장에서 나는 무얼 하고 있을까?

다음 페이지의 그림은 화재 현장의 한 장면이다. 다양한 사람들이 그려져 있는데 당신이 이 그림 안에 있다면 A~E 중에 누구일까?

Test 15 진단 결과

이 테스트에서는 당신이 인생에서 갖기 쉬운 불안의 원인을 알 수 있다. 화재 현장, 즉 불안의 상징이라 할 수 있는 상황에서 당신이 어떤 인물과 자신을 동일시하는가로 당신이 곧잘 느끼는 불안의 원인을 알 수 있다.

언제나 미래를 확인하면서 지켜주는 것이 없으면 불안하다

미래를 생각하면 쉽게 불안해지는 사람이다. 언제나 뭔가에 의해서 보호받고 싶은 마음이 강하다. 당신이 '나를 지켜주는 것'이라 여기는 것은 회사나 조직, 가족과의 인연이나 동료 의식 등이다. 또 불안감이 커서 언제나 최악의 상황을 가정하고 보험이나 저축 같은 준비도 게을리하지 않는다. 하지만 만약 불안해하던 일이 실제로 일어나면 그 나름대로 남들보다 배로 용감한 행동을 할 수 있는 타입이기도 하다.

평범한 인생을 보내는 것이 불안하다

생활을 위해서나 돈을 벌기 위해서라는 이유로는 일하기 싫어하는 사람이다. '내 삶이 개성 없는 평범한 인생이 되어버리면 어떻게 하지?' 하는 불안이 커 보인다. 마음속에서는 자유분방하게 살고자 하는 욕구가 있는데, 한편으로 경제적으로 자신을 밀어주는 사람이 없으면 안 된다는 의존적인 면도 있어서 결혼 상대자나 부모에게 후원자 역을 요구한다. 당신은 자신을 '상처받기 쉬운 사람'이라 여기지만 실제로는 의외로 억세서, 강해 보이는 다른 사람이 좌절하더라도 혼자서 끈질기게 살아남는 면이 있다.

언제나 사람들과 유대관계가 없으면 불안하다

사람들과 감정의 교류가 없으면 불안을 느끼는 사람이다. 감정의 교류가 느껴지지 않으면 '아무도 나를 필요로 하지 않는구나.' 하며 우울해한다. 그래서 스스로 사람들에게 다가가 친밀한 관계를 만들려고 한다. 그리고 "네가 좋다."거나 "우리는 친구지." 하고 번번이 상대와의 관계를 확인하고 싶어 한다. 그런 당신은 혼자 있을 때마다 불안해져서 문자나 메일 등 통신수단을 통해서라도 유대감을 느낄 수 있는 사람을 찾으려고 할 것이다.

자극이 없는 인생은 심심해서 불안하다

무료함을 참을 수 없는 사람이다. 언제나 인생에서 자극을 찾으려고 한다. 좋은 일이든 나쁜 일이든 뭔가 자기 인생에 변화가 일어날 때는 활발하고 빛이 나고 생존력도 강하다고 할 수 있다. 그런 반면 변화가 적은 일상이 계속되어 어떤 자극도 느낄 수가 없게 되면 점점 불안이 커져간다. 하지만 스스로는 그것이 불안감이라는 사실을 알아차리지 못하고 무료하다고 느낀다. 그 때문에 따분함에서 벗어나기 위해 스스로 뭔가 도전해볼 만한 것이나 위험 부담이 큰 일을 추구하는 경향이 있다.

미지의 것, 모르는 것에 둘러싸여 있는 것이 불안하다

자기를 둘러싼 세계가 안전하지 않다고 느끼는 사람이다. 이 세상에는 과학으로 밝혀지지 않은 것, 이성으로 밝힐 수 없는 것이 아주 많이 존재하며, 평범하게 생활하는 중에도 불안감을 일으키는 원인이 얼마든지 있다. 그래서 당신은 지식이 늘어나면 불안이 적어질 것이라고 믿고 세계가 어떻게 이루어져 있는지에 대해 알고자 한다. 하지만 하나를 알게 되면 모르는 것 두 개가 늘어나는 것처럼 원인은 점점 더 늘어날 것이다. 그런 점이 의외로 당신의 탐구심을 자극하고 있을지도 모른다.

성격이 마음에 안 든다고 고민하는 사람들에게
★ 행복 지수가 올라가는 마법의 어드바이스 ①

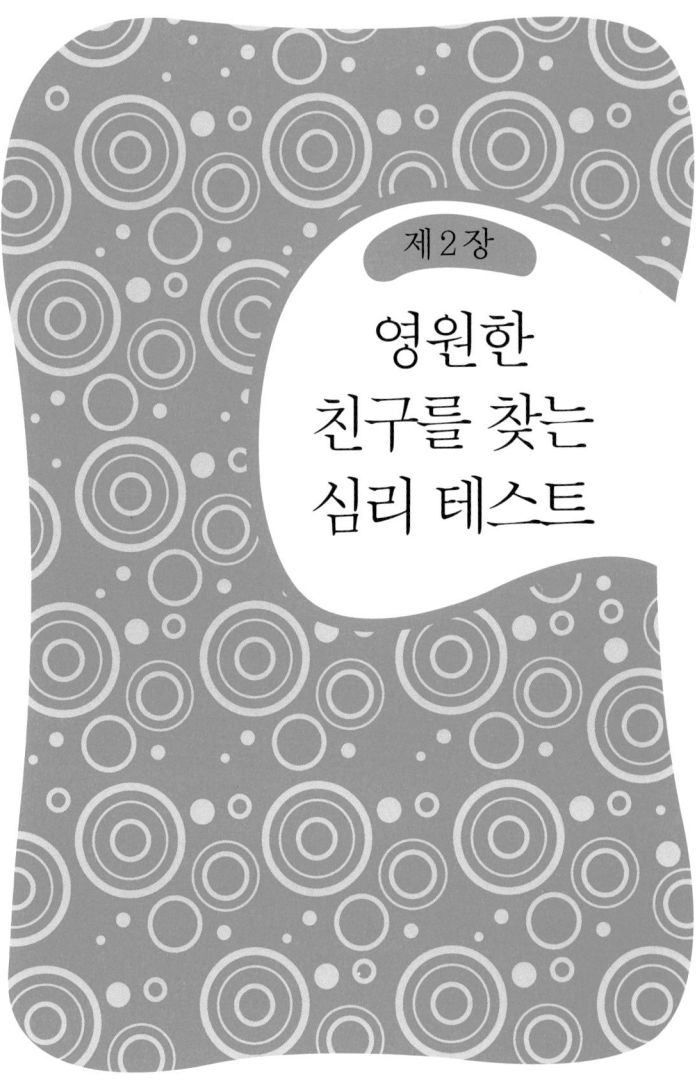

제 2 장

영원한
친구를 찾는
심리 테스트

"좋은 인간관계는 자기를 아는 일에서 시작된다!"

"나는 인간관계가 서툴다." "진정한 친구가 없다." 이처럼 누구나 인간관계를 둘러싸고 많은 고민을 하기 마련이다. 원활한 인간관계를 유지하고 싶다면 먼저 자신을 아는 것이 중요하다.

Test 16

소문난 레스토랑이지만 난 못마땅해!

맛있다고 소문난 레스토랑에 가봤다. 맛도 좋고 양도 만족스러운데다 가격도 매우 이상적이다. 하지만 다시 와야겠다는 생각은 들지 않았다. 당신이 다시 오고 싶지 않은 이유는 무엇일까? 다음 A~D 중에서 하나를 골라보자.

A 코스 요리 중심이라 고를 수 있는 메뉴가 적다.

B 오래 전부터 예약하지 않으면 갈 수가 없다.

C 종업원의 태도가 도도하고 거만하다.

D 언제나 사람들로 꽉 차서 떠들썩하다.

Test 16 진단 결과

이 테스트에서는 당신이 인간관계를 맺는 특징을 알 수 있다. 레스토랑은 단순히 식욕만 채우는 곳이 아니라 사교의 장이자 휴식의 장소이기도 하다. 그러한 곳에서 어떤 점에 불만을 느끼냐에 따라서 당신이 평소에 사람들과 어떻게 관계를 맺으려고 하는지 알 수 있다.

선택한 사람

A 누구와도 맘 편히 어울리지만, 깊은 인연은 못 이루는 타입

선택 가짓수가 적은 것이 불만인 사람은 자유를 속박당하는 것을 싫어하고, 뭐든지 자기가 좋아하는 대로 하고 싶어하는 타입이다. 인간관계 그 자체를 힘들어하지는 않으며 취미나 성격이 다른 사람이라도 문제없이 어울릴 수 있다. 그런데 개개인의 인간관계에 깊이 파고들지 않는 만큼 어떤 관계도 표면적인 관계에서 그치기 쉽다. 자신에게 어떤 사람과의 관계가 중요한지 점검해보자.

선택한 사람

B 사람의 좋고 싫음을 직감으로 결정하는 타입

미리 예약해야 하는 것이 불만인 사람은 다른 사람에게 통제받는 것을 싫어하고, 자신의 상황이나 그때그때의 기분에 따라 행동하기 쉬운 타입이다. 인간관계도 '잘 맞는지 어떤지'

를 직감적으로 판단하여 맞을 것 같으면 적극적으로 접근하여 좋아하는 사람하고만 어울리며, '잘 맞지 않는다.'고 생각하면 전혀 말을 걸지 않는 극단적인 면도 있다. 사람을 알아보지도 않고 무조건 싫다는 생각을 자제하면 좋을 듯.

자랑할 만한 멋진 사람과 '절친한 친구'가 되고 싶은 타입

종업원의 태도가 신경 쓰이는 사람은 자존심이 세고 자기가 칭찬의 대상이 되고 싶은 생각이 강한 타입이다. 인간관계에서는 친구로서 자랑할 만한 사람과 "두 사람 모두 멋지다."는 말을 주위에서 듣는 관계를 만들어가는 것이 이상이다. 단지 그 사람이 다른 사람과 친하게 지내면 서운한 맘이 드는 것이 맹점이다. 절친한 친구 사이라고 하더라도 다른 인간관계가 있다는 것을 인정해야 할 것이다.

극히 제한된 사람과 어울릴 수 있으면 만족하는 타입

가게 안이 떠들썩한 것이 싫은 사람은 평소에 혼자 있는 것이 편한 타입이다. 다른 사람의 말과 행동에 민감해서 지치는 면이 있으며, 취미가 맞는 소수의 친구들과 어울리려는 경향이 있다. 단지 자신에 대해서는 민감한 반면, 다른 사람에 대해서는 세심하게 배려하지 못해 차가운 사람이라는 오해를 사기도 한다. 소중하게 생각하는 친구에게는 적극적으로 연락하여 관계가 도중에 끊어지지 않도록 신경 써야 할 것이다.

Test 17

와인잔을 부딪치는 커플의 '위하여!'는?

레스토랑에서 와인잔을 들고 마주보는 커플이 있다. 이 둘은 어떤 건배사를 할까? 다음 A~C 중에서 하나를 고른다면?

A "우리 두 사람의 추억을 위하여, 건배!"

B "우리의 미래를 위하여, 건배!"

C "지금 이 순간을 축하하며, 건배!"

Test 17 진단 결과

이 테스트에서는 지금 당신에게 딱 맞는 친구의 유형을 알 수 있다.
이 테스트에서 A는 '과거(추억)', B는 '미래', C는 '현재'를 나타낸다.
당신의 마음이 과거, 미래, 현재 중 어디에 관심을 갖는가에 따라서
지금 당신에게 맞는 친구의 유형을 알 수 있다.

선택한 사람

정을 소중히 여기고, 일상생활에서 따뜻한 말을 주고받을 수 있는 친구

'과거'로 의식이 향하기 쉬운 사람은 정을 소중하게 생각하는 사람이다. 당신은 지금 마음을 나눌 친구를 찾는 것 같다. 특별한 용건이 없어도 "같이 차 마시지 않을래?" 하고 불러내면 만나러 와주고, 일상생활의 두서없는 이야기들을 나눌 수 있는 친구를 원한다. 또 메시지를 보내면 꼭 정성이 깃든 답변을 해주고, 작은 고민도 서로 터놓을 수 있으며, 서로의 좋은 점에 대해 칭찬을 주고받거나, 쇼핑이나 패션에 대해서도 조언을 해줄 만한 사람이면 더욱 좋다. 그런 친구가 지금 당신에게 적당하다.

서로 신뢰하지만 사생활의 깊은 부분은 건드리지 않는 친구

선택한 사람

'미래'로 의식이 향하기 쉬운 사람은 사람에 대한 집착이 많지 않은 사람이다. 당신은 지금 서로의 사생활에는 깊이 관여하지 않는 친구를 찾는 것 같다. 다른 사람의 마음에 결코 함부로 간섭하려 들지 않으며 쓸데없는 일을 말하지도 듣지도 않는다. 친구가 고민거리를 의논하면 이것저것 따져 묻지 않고 "이렇게 해보면 어때?" 하고 구체적인 대처법이나 해결책을 생각해준다. 그리고 서로 상대방의 인간관계에 대해서 참견하지 않고, 뜬소문도 한쪽 귀로 듣고 다른 귀로 흘려보낼 수 있는 친구가 당신에게는 딱 맞을 것 같다.

세세하게 신경 쓰지 않아도 변치 않는 우정을 유지할 수 있는 친구

선택한 사람

'현재'로 의식이 향하기 쉬운 사람은 자신의 존재 그 자체를 받아들여 주기를 바라는 사람이다. 당신은 지금 형식적인 만남보다는 세세하게 신경 쓰지 않아도 되는 친구를 원하는 것 같다. 언제 만나도 변치 않으며 신경을 많이 쓰지 못해도 서운해하지 않는 친구, 문자 답변을 깜박 잊고 하지 않아도 다음에 전화를 하면 "어떻게 지내?" "오랜만이네." 하고 따지지 않는 친구, 곤란한 일에 빠졌을 때 도와달라고 말하면 금세 뛰어와서 "나 여기 있어."라고 말해주는 상대가 당신에게 딱 맞다.

Test 18

드디어 우리 집이 생겼는데, 어떤 문패를 달까?

꿈에 그리던 집을 갖게 되었다. 문패는 어떤 것으로 할까? 다음 A~E 중에서 하나를 골라보자.

A 온기가 느껴지는 나무 문패

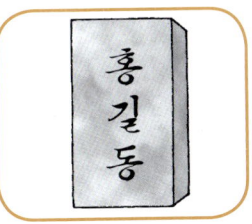

B 대리석의 중후한 멋의 문패

C 심플하고 모던한 문패

D 세로형의 나무 문패

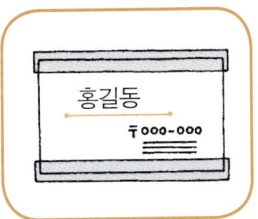

E 문패 대신에 명함이나 카드를 붙인다.

Test 18 진단 결과

이 테스트에서는 당신이 사람들에게 어떻게 보이고 싶은지 알 수 있다. 문패가 의미하는 것은 '당신이 다른 사람에게 보여주는 표면적인 얼굴'이다. 즉 이 테스트의 대답으로 당신이 주위 사람들에게 어떻게 보이고 싶어하는지를 알 수 있다.

A 누구에게나 웃는 얼굴로 대하는 '좋은 사람'으로 보이고 싶다!

선택한 사람

'좋은 사람'으로 보이고 싶어하는 사람이다. 주위 사람들에게 호감을 얻고 싶은 마음이 강하고, 부정적인 감정은 겉으로 드러내지 않으며 언제나 상식적인 태도를 취하려고 한다. 하지만 마음속으로는 가치관이 크게 다른 사람을 비상식적이라 여기고 받아들이려고 하지 않는 면도 있다. 스스로는 그것을 인정하지 않으려고 할 것이다.

B 돈도 스타일도 갖춘 '성공한 사람'으로 보이고 싶다!

선택한 사람

'성공한 사람'으로 보이고 싶어하는 사람이다. 옛날부터 지위나 성공의 지표로 생각되던 것, 즉 사회적 지위나 경제력 등으로 다른 사람을 평가하고 자신도 그런 것을 이루어내기를 바란다. 하지만 사실은 그런 것을 충분히 이루지 못한 스스로에게 콤플렉스를 느끼는 게 아닐까?

교양이 풍부한 '지적인 사람'으로 보이고 싶다!

'지적이고 감각 있는 사람'으로 보이고 싶어한다. 머리가 좋고 교양이 있으며 좋은 취미를 가진 사람으로 보이고 싶은 마음이 강하다. 졸부 취향의 취미를 경멸하고 '돈이 최고'라고 생각하는 사람들을 깔보는 면이 있다. 하지만 그 이면에는 정말로 교양이 있는 사람들에 대한 콤플렉스가 있을지도.

눈에 띄지 않는 '아주 평범한 사람'으로 보이고 싶다!

'매우 평범한 사람'으로 보이고 싶어한다. 윗사람한테는 실례를 범하지 않으려 하고, 친구들에게는 허영을 부리지 않고 대함으로써 사람들과 원만하게 지내려고 한다. 특별히 이렇게 평범하게 어울리려 하는 배경에는 자기 주장이나 개성이 강하면 '모난 돌이 정을 맞는다'는 두려움이 있을지도 모른다.

'주위 시선은 신경 쓰지 않는 사람'으로 보이고 싶다!

'타인이 어떻게 생각하든 신경 쓰지 않는 사람'으로 보이고 싶어하는 사람이다. 사람들에게 좋은 평가를 받고 싶다는 생각이 없기 때문에 싹싹하게 행동하는 일도 없고 허세를 부리거나 잘난 척하는 경우도 없다. 하지만 마음속으로는 사람들에게 거절당하는 것을 두려워하는 면이 있다. '다른 사람은 신경 쓰지 않아.' 하는 태도는 강한 척하는 단면일 수 있다.

Test 19

전사가 입을 갑옷을 고른다면?

용감한 전사가 된 당신이 전투에서 몸을 보호하기 위해 갑옷을 입는다면 어떤 갑옷을 입겠는가? 다음 A~C 중에서 좋아하는 디자인을 하나 골라보자.

Ⓐ 호화롭고 눈에 띄는 갑옷

Ⓑ 전신을 감싸는 갑옷

Ⓒ 움직이기 쉬운 갑옷

Test 19 진단 결과

이 테스트에서는 당신이 주위 사람들에게 오해받기 쉬운 면에 대해서 알 수 있다.

갑옷은 자신의 몸을 지키는 것이다. 당신이 선택한 갑옷은 자신을 보호하기 위해서 다른 사람에게 스스로를 어떻게 보이려고 하는지를 나타낸다. 하지만 그 스타일 때문에 당신의 진심을 파악하기가 어려워서, 사람들은 당신이 입은 갑옷의 느낌 그대로라고 오해해 버리는 경우도 있다.

선택한 사람

A '자존심이 세고 유능해서 다가가기 힘든 사람'이라고 오해받기 쉽다

원래는 매우 상냥하고 외로움을 잘 타고 붙임성이 있는 사람이다. 하지만 주위 사람들은 '자존심 세고 자신만만한 사람. 어쩐지 다가가기 힘든 사람'이라고 여긴다. 그것은 당신이 실력 이상으로 자신을 매력적이고 유능한 인간으로 보이려고 하기 때문이다. 큰맘 먹고 먼저 사람들에게 다가가 속마음을 털어놓으면 어떨까? 있는 그대로의 모습을 보이는 편이 당신 본래의 매력을 인정받을 수 있을 것이다.

'겁 많고 도움이 안 되는 사람'으로 오해받기 쉽다

원래는 매우 용기가 있고 성실하고 믿음직한 사람이다. 책임을 다해야 하는 상황에서는 여느 사람보다 강할 것이다. 하지만 주위 사람들은 '감정이 불안정한 겁쟁이, 도움이 안 되는 사람'으로 여길지도 모른다. 그것은 당신이 항상 주위에 신경을 쓰거나 '실패하면 어떻게 하지…….' 하면서 불안한 모습을 보이기 때문이다. 큰맘 먹고 소속되어 있는 동아리나 모임에서 특별한 임무를 맡거나 담당자 인계를 받는 등 적극적으로 나서보면 어떨까? 그 편이 당신 본래의 성실함을 더 잘 전달할 수 있을 것이다.

'언제나 건강하고 자유분방한 사람'이라고 오해받기 쉽다

원래는 매우 순수하고 상처받기 쉬운 면이 있는 사람이다. 하지만 주위 사람은 '자기가 원하는 대로 사는 자유분방한 사람'이라고 보는 것 같다. 그것은 평소에 당신이 약한 모습을 보이지 않으려고 나약한 소리 하지 않고 필요 이상으로 강한 척하는 면이 있기 때문일지도 모른다. 보이는 것처럼 내면은 강하지 않은 당신이 용기를 내어 자신의 약한 모습을 드러내 보면 어떨까? 그렇게 하는 편이 당신의 순수함이나 순진한 마음이 이해를 얻고 주위 사람들에게 더 사랑을 받을 수 있을 것이다.

Test 20

새 가전제품을 고르는 방법

텔레비전이 망가져서 새 제품을 사려고 하는데 다양한 메이커에서 신제품이 나와서 고민에 빠지고 말았다. 당신이라면 새 텔레비전을 어떤 방법으로 고르겠는가?

A 전문 지식이 있는 점원의 조언을 참고하여 고른다.

B 팸플릿이나 인터넷의 정보를 비교, 검토하여 자신이 고른다.

C 가족이나 친구와 상담하거나, 잘 나가는 물건인지 아닌지로 고른다.

D 가게에서 직접 보고, 디자인도 포함해서 자신의 감성에 맞는 것을 고른다.

Test 20 진단 결과

이 테스트에서는 당신이 단체 속에서 어떤 역할을 맡았을 때 능력을 발휘할 수 있는지 알 수 있다.

물건을 선택할 때 무엇을 기준으로 삼는가는 사람마다 다르다. 그 기준은 단체 속에서 사람들과 어떻게 관여하는가와 관련이 있다. 이 테스트에서는 회사나 조직 내에서 당신에게 어떤 역할이 알맞은지를 판단한다.

선택한 사람

A. '리더 역할이 적임'. 사람을 잘 지휘하고 목표를 달성한다

사람을 잘 다루고 목표를 달성할 수 있는 사람이다. 자신이 잘하는 분야가 아니면 적임자라고 여겨지는 사람에게 맡길 수 있는 타입이다. 이것은 그야말로 리더의 기질을 나타낸다. 전체를 바라보면서 적재적소에 사람을 배치하는 프로듀서의 역할에 재능이 있다. 이런 기질을 더 잘 발휘하려면 평소에 사람을 보는 안목을 길러두자.

선택한 사람

B. '브레인 역할이 적임'. 사물을 냉정하게 판단한다

흥미가 있는 일이라면 자신이 수긍할 때까지 철저히 조사하는 사람이다. 선입견이나 고정관념을 갖지 않고 사물을 객관적으로 바라보며 냉정한 판단을 내릴 수 있는 타입이다. 이것은 그야말로 모든 이들의 지혜 주머니 같은 브레인다운 기질이라 할 수 있다. 조직이나 모임 안에서 감정에 휩쓸리는 일 없이 의견을 정리하고 누구나 이해할 수 있는 견해를 제시할 수가 있을 것이다. 이 소질을 더 잘 발휘하려면 대화 능력을 갈고 닦아 자신의 생각과 정보를 남들에게 전달해보자.

선택한 사람

'서포터 역할이 적임'. 주위의 의견을 배려하면서 조정한다

남의 기분이나 사정을 세세하게 배려할 수 있는 사람이다. 자기가 중심에 서는 것이 아니라 주위 사람이나 조직을 위해서 일할 수 있는 타입. 이것은 그야말로 서포터다운 기질이다. 여러 사람의 의견과 생각을 받아들여 그 요구 사항이나 불평불만에 잘 대처할 수 있을 것이다. 리더 기질을 가진 인물과 짝을 이루면 자신의 기질을 더 잘 발휘할 수 있을 것이다.

선택한 사람

'카운슬러 역할이 적임'. 남의 마음을 소중히 하고 공감한다

사람의 내면을 소중히 하는 사람이다. 주위 사람들과는 조직이나 단체의 한 사람으로서가 아니라 개인적으로 알고 싶다고 생각해 다가간다. 이것은 그야말로 카운슬러적인 기질을 드러내는 것이다. 상대방의 말에 귀를 기울이고 공감할 수 있다. 이 기질을 더 잘 발휘하려면 많은 사람들의 의견에 휩쓸리지 말고 섬세한 감성을 유지하도록 하자.

Test 21

다섯 종류의 그릇을 사람에 비유한다면?

A~E까지 다섯 종류의 그릇이 있다. 이 그릇들을 보고 당신이 몸담고 있는 직장이나 학교, 모임에서 만나는 사람들 중에서 생각나는 사람의 이름을 각각 적어보자.

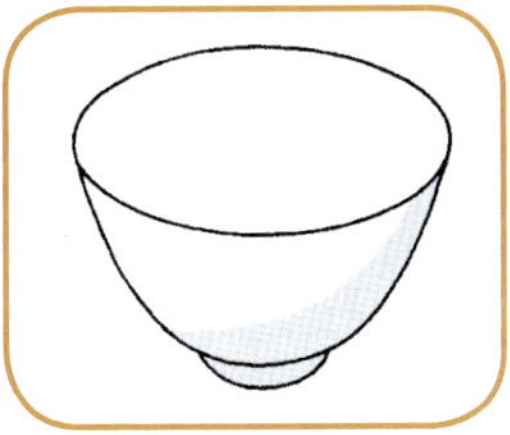

Ⓐ	
Ⓑ	
Ⓒ	
Ⓓ	
Ⓔ	

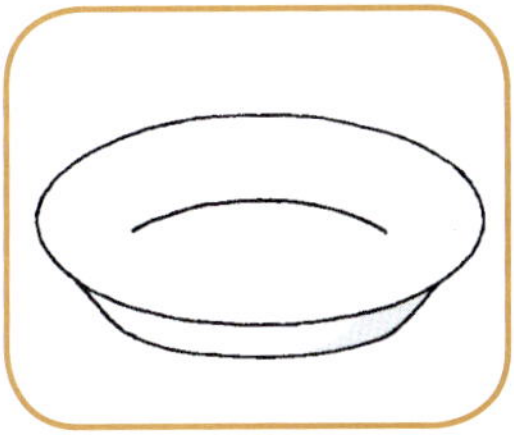

당신의 대답

- Ⓐ
- Ⓑ
- Ⓒ
- Ⓓ
- Ⓔ

제2장 영원한 친구를 찾는 심리 테스트

Test 21 진단 결과

이 테스트에서는 당신의 마음속 깊은 곳에서 그 사람을 어떻게 생각하는지 알 수 있다.
우리는 이따금 어떤 인물을 평가하면서 "저 사람은 그릇이 크다." 혹은 "그 사람은 그릇이 작다."와 같은 표현을 할 때가 있다. 어떤 그릇을 보고 누구를 떠올렸나에 따라서 당신이 그 사람을 어떻게 생각하는지 알 수 있다.

에 떠올린 사람

함께 있을 때 안정되고 마음을 열 수 있는 사람이라고 생각한다

당신은 그 사람을 침착하고 안정감이 있는 사람이라고 생각한다. 그 사람 앞에서는 긴장하지 않고 편안하게 있는 그대로 자기 모습을 드러낼 수 있지 않은지? 동료나 반 친구라면 잘난 척하지 않고 진심으로 어울릴 수 있는 친구가 될 수 있을 것 같다. 윗사람이나 선배라면 무슨 일이든 터놓고 의논할 수 있는 사람일 것이다. 그런데 이런 사람들은 누구라도 받아들이는 경향이 있어서 나한테만 특별대우를 해주었으면 싶어도 그 기대는 이루어지지 않을 수 있다.

B
에 떠올린 사람

나서지 않지만 주관이 뚜렷하고 냉철한 사람이라고 생각한다

당신은 그 사람을 별로 나서는 일 없는 조심스러운 사람으로 느낀다. 그러면서 남에게 맞추거나 타협하는 일 없이 자신의 생각이 뚜렷한 사람, 아니면 감정적으로 냉철하고 어딘가 냉정한 시선으로 사물을 판단하는 사람으로 보는지도 모른다. 이 타입의 사람은 친해지기까지 시간이 걸리지만, 인간적으로는 믿을 만하다. 직장의 윗사람이나 선배라면 당신이 어려움에 빠졌을 때 냉정하게 구원의 손을 뻗어줄 것이다.

C
에 떠올린 사람

나쁜 사람은 아니지만, 보수적이고 방어적인 사람이라고 생각한다

당신은 그 사람을 서민적이며 보수적인 사람이라고 생각하는 것 같다. 윗사람이나 선배에게는 꼼짝도 못하면서 아랫사람이나 후배들에게는 선배 행세를 하는 타입으로 보지 않는지? 아마 이런 타입의 사람은 대개 좋은 사람이며 그렇게 나쁜 사람은 아닐 것이다. 단지 그런 사람 앞에서는 지나치게 나서지 말고 이야기를 순순히 들어주는 것이 상책일 수 있다. 동료나 반 친구라면 서로의 환경이 달라지면 자연스럽게 교류가 사그라질 듯하다.

제2장 영원한 친구를 찾는 심리 테스트

Test 21 진단 결과

D 에 떠올린 사람

같은 동아리 친구 정도로는 괜찮지만, 서로 경향이 달라 깊이 사귀지는 못하겠다고 생각한다

당신은 이 사람에 대해 '동아리 안에서 여럿이 함께 어울리는 것은 아무 문제 없지만 일 대 일로 만나면 서로 뜻이 맞지 않아 티격태격할 것 같다.'고 느낄 것이다. 둘이서만 이야기하면 말이 잘 통하지 않거나, 속깊은 이야기를 나눌 수 없는 면이 있어서 '이 이상 친해지기는 어렵겠는걸.' 하고 생각한 적이 몇 번 있지 않았는지? 같은 환경에 있어도 서로의 공통점을 찾아내기 어려운 경향이 있다. 선배나 윗사람이라면 너무 가깝지도 멀지도 않은 관계, 지인이라 해도 반친구 중 한 명이라 생각하는 정도의 관계로 끝날 것 같다.

E 에 떠올린 사람

그 사람의 미의식은 인정하지만, 잘난 척하는 면이 지겨워 불편하게 여긴다

당신은 그 사람에 대해 잘난 척하고 자아가 무척 강한 사람이라고 느끼지 않는지? 평소 행동에서 그 사람 나름대로 미의식이 있다는 사실은 인정하지만, 그것이 주위 사람들에게는 매우 인위적으로 느껴져 때때로 정말 못 봐 주겠다는 면도 있을 것이다. 될 수 있으면 그 사람과는 같이 일을 진행하거나 같은 모임에서 어울려 활동하는 것을 피하고 싶을지도 모른다. 하지만 개인적으로 가까워지고 친해지면 의외로 상냥하고 배려심 있는 사람이라는 것을 깨닫게 될 것이다.

Test 22

세 요정에게 누구를 소개할까?

숲 속에서 길을 잃고 헤매다 악기를 연주하는 요정 세 명과 만나게 되었다. 요정들이 "친구를 소개해주면 숲을 빠져나갈 수 있는 길을 알려주겠다."고 해서 당신은 친구를 소개하기로 했다. 어느 요정에게 누구를 소개할까?

당신의 대답

A 하프를 연주하는 요정에게 소개할 친구는?

B 피리를 부는 요정에게 소개할 친구는?

C 북을 치는 요정에게 소개할 친구는?

Test 22 진단 결과

이 테스트에서는 당신이 그 사람과 어떤 인간관계를 만들고 싶은지 알 수 있다.

악기는 다양한 음색을 지니는데 음색에 따라서 떠오르는 이미지가 각각 다르다. 세 가지 선택 중에서 하프 음색은 당신의 흔들리는 감정을, 피리 음색은 머릿속에서의 상상, 북소리는 신체적인 에너지를 상징한다. 당신이 이러한 악기들을 연주하는 요정에게 소개해 준 친구는 각각 '마음이 잘 통하는 친구' '이성적인 부분이 잘 맞는 친구' '신경 쓰지 않고 어울릴 수 있는 친구'를 나타낸다. 여기서 당신이 그 친구와 어울리면서 무엇을 원하는지 알 수 있다.

에 적은 사람

침울할 때 조용히 곁에 있어주고, 내 감정을 알고 위로해줬으면 좋겠다

하프를 연주하는 요정에게 소개한 친구는 당신의 마음이 약해져 우울할 때 같이 있어줬으면 하는 친구이다. 실연했거나 인간관계로 흔들릴 때 혹은 스스로 자신감을 갖지 못하고 열등감에 휩싸였을 때 그 친구라면 자신의 기분과 마음을 알아주겠지, 그냥 곁에서 조용히 상냥하게 위로해주겠지 하고 생각하는 것 같다.

에 적은 사람

B 서로의 취미나 지적 호기심을 충족시켰으면 좋겠다

피리를 부는 요정에게 소개한 친구는 당신에게 지적인 자극을 주고 여러 가지 정보를 알려주는 사람이다. 공통적인 취미나 관심사에 대해서 서로 이야기를 주고받고 즐겁고 유익한 시간을 보내고 싶어하지 않는지? 서로의 감정에는 깊이 관여하지 않으면서 단순 명쾌하게 어울릴 수 있으며, 서로 못 만날 때는 메일 등을 주고 받으면서 정보 교환을 하며 좋은 관계를 만들어갈 듯하다.

에 적은 사람

C 진심으로 사귀면서 함께 술을 마시면 마음이 가벼워진다

북을 치는 요정에게 소개한 친구는 당신과 이른바 발가벗은 채로 어울릴 수 있는 상대이다. 스트레스가 쌓였을 때나 화가 나는 일이 있을 때, 그 사람과 같이 식사를 하거나 놀러 가거나 하면 기분이 풀리지 않는지? 서로 마음 편하게 그다지 신경을 쓰지 않아도 되며, 재충전을 위해 떠나는 여행 등에 같이 갈 상대로는 최고일 듯하다.

Test 23

파티에서 누구에게 먼저 말을 걸까?

파티에 늦게 도착해 둘러보니 아는 사람 세 명의 모습이 보였다. 당신은 누구에게 먼저 말을 걸겠는가?

A 벽 앞에 혼자서 조용히 서 있는 사람

B 몇 명이 모여서 이야기하는 사람

C 파티장 한가운데서 눈에 띄는 사람

Test 23 진단 결과

이 테스트에서는 당신이 대화할 때 어떤 문제점을 지니는지 알 수 있다.
처음에 말을 거는 상대는 당신이 제일 편하게 얘기를 나눌 수 있는 사람. 어떤 상황에 있는 친구를 고르냐에 따라서 당신이 대화할 때 단점이 될 만한 대화 접근 방식을 알 수 있다.

선택한 사람

A 갑작스러운 대화 방식은 상대가 이해하지 못하는 원인이 될 수 있다

당신은 불친절하게 말을 거는 대화 습관이 있다. 예를 들면

- ▶ 인사나 서론 없이 갑자기 본론으로 들어간다.
- ▶ 특정 업계에서나 친구 사이에만 통하는 전문 용어나 줄임말 등을 자주 쓴다.
- ▶ 소곤소곤 잘 알아들을 수 없게 이야기를 한다.

이러한 대화 습관이 사람들과 이야기를 나눌 때 방해 요소가 될 수 있다. 상대의 마음을 계속 살피고, 모두 이해하기 쉬운 말을 골라서 또박또박 이야기하도록 신경 쓰자.

선택한 사람

B 생각을 확실히 말하지 않고 빙빙 돌려 표현하는 대화 방식이 오해를 산다

당신은 장황하게 계속 돌려 말하는 면이 있다. 예를 들면

- ▶ 좀처럼 본론으로 넘어가질 못한다.
- ▶ 사람에 따라, 상대의 태도에 따라 말하는 내용을 바꾸거나 맞춘다.
- ▶ 자기 의견을 말할 때 "○○ 씨가 한 이야기인데." 하면서 남의 책임으로 돌리듯이 말을 꺼낸다.

이런 대화 방식 때문에 사람들과 이야기를 할 때 오해를 사게 되는지도 모른다. 무슨 이야기를 하고 싶은지 상대에게 잘 전달되도록 확실하게 직접적으로 이야기하도록 힘쓸 것.

C 자기중심적인 대화 방식이어서 다른 사람에게 강요하는 듯한 인상을 준다

선택한 사람

당신은 너무 확실하게 말해버리는 경향이 있다. 예를 들면

- ▶ 상대방의 말을 들어주기보다는 자신이 하고 싶은 얘기만 말하고 대화를 끝낸다.
- ▶ 이야기 중에 '나는', '내가' 같은 주어를 상당히 많이 쓴다.
- ▶ 상대의 반응을 확인하지 않고 이야기 내용을 생략하거나, 상대방이 말하는 도중에 "그러니까 이런 말을 하고 싶은 거지?" 하고 바로 결론을 내리려고 한다.

이런 대화 습관이 상대방에게 일방적으로 강요하는 듯한 인상을 줄 수 있다. 너무 직설적으로 이야기하지 말 것, 결론내리는 것에 너무 서두르지 말 것, 상대의 이야기에 찬찬히 귀를 기울이도록 힘쓸 것.

Test 24

거스름돈을 지갑에 넣는 방법

편의점에서 만 원짜리 지폐를 내고 거스름돈을 받았다. 점원은 당신이 보는 앞에서 거스름돈을 세어 건네주었다. 당신은 그 거스름돈을 어떻게 지갑에 넣었을까? 다음 A~C 중에서 하나를 골라 보자.

A. 직접 확인하지 않고 그대로 거스름돈을 지갑에 넣는다.

B. 거스름돈을 눈으로 한번 훑어서 확인한 후에 지갑에 넣는다.

C. 거스름돈을 꼼꼼히 확인하고 지폐의 위아래를 가지런히 정리한 뒤 지갑에 넣는다.

Test 24 진단 결과

이 테스트에서는 당신이 어떤 타입의 권력자가 될지 알 수 있다.

돈은 권력의 상징이다. 돈을 다루는 방식에는 당신의 본성이 나타난다. 이 테스트에서는 만약 당신이 권력을 잡았을 때 그 권력을 어떻게 행사하는지 알 수 있다.

선택한 사람

A 자신의 힘에 도취되어 안하무인으로 사람을 부려서 자신도 모르게 적을 만든다

당신은 큰 시야로 사물을 볼 수 있는 사람이다. 진정한 거물이 될 수 있는 가능성이 있다. 하지만 실제로 권력을 쥐게 되면 자신의 힘에 도취되어 함부로 행동하는 지배자가 되고 말 것이다. 다른 사람에게 명령하고 뭐든 자기 마음대로 하려고 한다. 자기에게 대들거나 배신하는 사람은 용서 없이 밟아버리는 면도 있다. 하지만 사람 마음의 이면을 읽어내지 못하기 때문에 자신도 모르는 사이에 적을 만들어 권력에서 물러나게 될지도 모른다.

선택한 사람

B 거물인 양 행동하는 반면 자신의 이익에 집착한다

당신은 공평하게 사물을 볼 수 있는 사람이다. 사리사욕을 버리고 사회에 공헌할 수 있는 가능성이 있다. 하지만 실제로 권력을 쥐면 거물인 듯 행동하면서 마음속으로 항상 자신의 이익을 최우선으로 생각하는 치사한 면이 있다. 내심 자신이 언제까지 권좌에 머무를 수 있을지 불안해하고 자신의 재산과 지위를 잃을까봐 두려워한다. 그 때문에 아무리 시간이 흘러도 '통 큰 인물인 양 행동하는 소인배' 이상은 될 수 없을 듯하다.

시기심이 강해 자신의 자리를 위협하는 인간은 곧바로 추방한다

당신은 사물의 질서를 지킬 수 있는 사람이다. 자신의 책임과 의무를 잘 완수해낼 수 있는 타입. 하지만 실제로 권력을 쥐면 시기심이 강한 독재자가 될 것이다. 자신의 앞길을 막는 사람이나 자신을 함정에 빠뜨리려는 사람이 있는 게 아닌가 싶어 사람들을 마구 의심하기 쉽고, 조금이라도 의심이 가는 사람이 있으면 제거하려고 한다. 하지만 결국은 그 때문에 상대방의 원한을 사게 되어 스스로 적을 만들어버려서 권력이 없는 편이 오히려 행복하다고 생각할지도 모른다.

Test 25

부서 이동을 하면
어떤 팀에 들어갈까?

회사에서 인사이동이 있어 새로운 부서에 소속되었다. 새 부서에서는 세 팀으로 나뉘어 작업을 하고 있다. 다음 중 어떤 팀에서 일하고 싶은가?

Ⓐ 활발하게 의견이 오가는 팀

Ⓑ 작업의 역할 분담이 되어 있는 팀

Ⓒ 각자 개인 작업을 하는 팀

Test 25 진단 결과

이 테스트에서는 당신이 남들에게 쉽게 영향을 받는지 아닌지 알 수 있다. "저 사람은 자아가 강하다."는 말을 하곤 하는데 '자아'란 '자신과 타인의 경계에 대한 의식'이다. 이 테스트에서는 당신이 타인과의 경계에 대해서 어떤 의식을 갖는지 알 수 있다. 그럼으로써 남들에게 쉽게 영향을 받는 타입인지 아닌지도 판단할 수 있다.

선택한 사람

'남은 남이고 나는 나'. 다른 사람들에게 잘 영향을 받지 않는 사람

자신과 타인의 구분이 명확한 사람이다. '남은 남이고, 나는 나'라는, 자신과 남을 확실히 구별하는 이른바 자아가 강한 타입이라고 하겠다. 자신이 무엇을 하고 싶은지 무엇을 추구하는지도 명확하고, 원하는 것을 갖기 위한 행동도 직선적이다. 남들에게 잘 영향을 받지 않는 타입이라고 할 수 있다.

선택한 사람

남들에게 쉽게 영향을 받고 자신의 생각을 유연하게 바꿀 수 있는 사람

자신과 타인의 구분이 확실하게 그어지지 않은 사람이다. 다른 사람들과의 관계에서 자신의 의식이 바뀌는 경우도 있고, 항상 자기 주장을 관철시키는 것이 아니고, 오히려 주위의 기대에 맞춰서 남들이 보기에 바람직한 모습을 지니려고 하는 부분이 있다. 그만큼 사고방식이 유연하고 주위에 잘 적응할 수 있도록 자신을 바꾸는 면이 있다. 좋은 의미로 타인의 영향을 잘 받는 사람이라고 할 수 있다.

C 남들에게 아주 쉽게 영향을 받고 불안해질 때도 있다

자신과 타인의 구분이 엷은 사람이다. 타인의 존재에 강한 자극을 받아 자신의 의식 안으로 파고들어가기 쉬운 경향이 있다. 섬세한 자아를 가진 타입으로, 자아가 강한 사람과 함께 있으면 왠지 모르게 위협받는 것처럼 느끼기도 한다. 이 타입의 사람은 타인에게 영향을 받을 때 불안이라는 형태로 나타나는 일이 많을 것이다.

우리 마음은 ① 스스로 의식하는 부분(의식) ② 평소에는 그다지 의식하지 않지만 어떤 계기로 문득 생각해내는 부분(잠재의식) ③ 스스로도 모르는 부분(무의식)이라는 세 개의 층으로 나뉘어 있다.
A타입은 매우 현실적이고 외향적인 면이 있어 자신의 마음속 잠재의식이나 무의식이 잘 드러나지 않는 사람이다. B타입은 스스로도 깨닫지 못하는 사이에 의식의 층이 남들에게 쉽게 영향을 받으며, 그와 동시에 잠재의식이나 무의식의 경계가 쉽게 변하는 사람이다. C타입의 사람은 자신 안의 잠재의식이나 무의식의 영향을 받기 쉬우며 공상가다운 면이 있다.

Test 26

친구의 신발 위치에 따른 신발장 고르기

당신의 친구를 한 명 떠올려보자. 그 친구와 함께 찾아간 곳에서 신발을 벗게 되었다. 친구가 먼저 신발장 한 곳에 신발을 넣었을 때 당신은 신발을 어디에 보관할까?

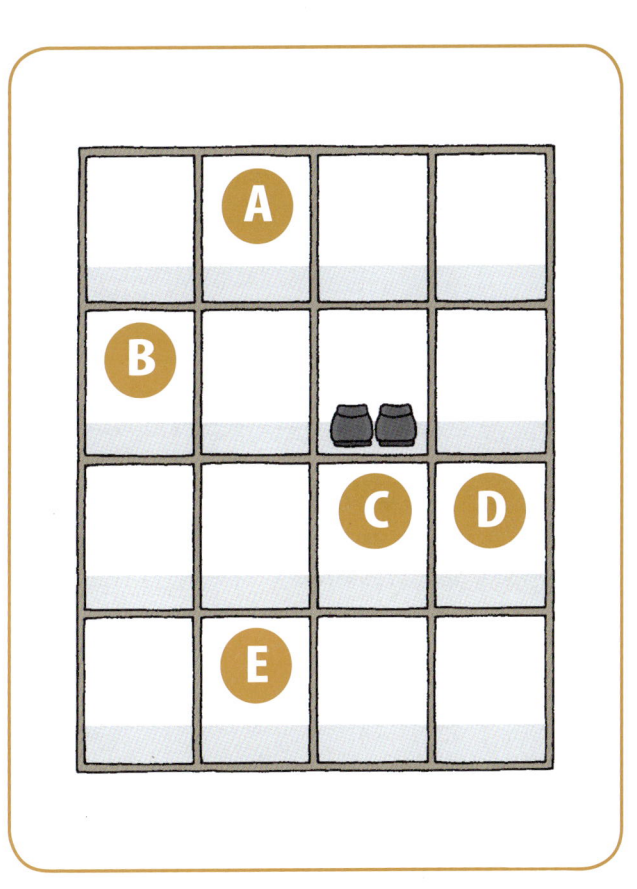

Test 26 진단 결과

이 테스트에서는 당신이 친구의 실력을 어떻게 평가하는지 알 수 있다.
마음속에 품은 생각은 스스로도 깨닫기 전에 태도로 나타나기 마련이다. 이 테스트에서는 당신이 신발을 넣는 위치에서 그 사람의 실력을 어떻게 평가하는지 알 수 있다. 아마도 그 생각은 당신의 평소 행동에서 나타나고 있을 것이다.

내가 더 실력이 낫다는 생각이 노골적인 태도로 드러난다

당신은 그 사람보다 자신이 더 실력이 낫다고 생각하는 것 같다. 게다가 그 생각이 노골적인 태도로 드러날 것이다. 상대가 친구라면 조금 바보 취급하는 태도를 취하거나, 윗사람이나 선배라면 건방지게 대답하지 않는지? 상대의 분노를 사지 않도록 적당히 할 것.

겉으로 드러내지는 않지만 마음속으로는 대등하거나 자신이 위일 거라고 생각한다

당신은 그 사람과 실력 면에서 자신이 더 위일 거라고 생각하는 것 같다. 하지만 그 생각을 노골적으로 행동으로 드러내지는 않는다. 윗사람이나 선배라면 사람들 앞에서 상대방을 치켜세우기도 하지만, 마음속으로는 대등하다고 여기기 때문에 문득 반말로 말하는 경우가 있을 것이다. 말을 조심할 것.

의지할 수 있는 존재로서 친근감을 갖고 있다

당신은 그 사람의 실력을 인정함과 동시에 '의지할 만하고 친해지기 쉬운 사람'이라고 평가하고 있다. 친구라면 곤란한 일이 있을 때 제일 먼저 의논하고 싶은 상대이며, 일 관계로 아는 사람이라도 개인적으로 알고 지내고 싶은 상대일지도 모른다. 그 사람 앞에서는 솔직해질 수 있을 것 같다.

실력을 평가할 만큼 상대방에게 관심이 없다

당신은 그 사람에게 흥미가 없고 실력에도 그다지 관심이 없는 것 같다. 반 친구나 모임의 일원이어서, 혹은 일이나 맡은 역할 때문에 상대를 존중하지만 무난한 관계로 끝날 것이다.

실력 운운하기 전에 관여하기 싫은 사람이라고 느낀다

당신은 그 사람에 대해서 될 수 있으면 관여하기 싫다고 생각하는 것 같다. 아무리 그 사람이 실력이 위라고 생각해도 성격이 잘 맞지 않고 좋아하게 될 수 없는 불편한 사람이라고 느낀다. 지금 자신의 처지 때문에 어쩔 수 없이 관계를 맺고 있다. 그 태도는 아마도 상대방에게도 전달되고 있을 것이다.

인간관계가 서툴어서 고민하는 사람들에게
★ 행복 지수가 올라가는 마법의 어드바이스 ②

주위에 차분히 이야기를 나눌 친구가 없어. 믿을 만한 친구가 없어. 애초에 '친구'라고 부를 만한 사람이 나한테는 없어… 이렇게 느끼는 사람에게

'친구', '절친'이라는 말은 맘 편하게들 쓰지만 당신이 생각하는 만큼 누구나 그런 '둘도 없는 친구'가 있는 것은 아니야. 많은 사람들이 '친구가 없다'는 공통된 고민을 하고 있지.

제3장

행복한 연애와 결혼을 위하여

> "연애를 할 때야말로,
> 인생이 즐겁다!"

'연애에 고민은 으레 따르기 마련.' 그래도 사람을 좋아하게 된다는 것은 멋진 일이다. 행복한 연애는 꼭 당신을 지금보다 훨씬 더 멋지게 반짝이도록 해줄 것이다!

Test 27

히치하이킹 중에도 차 색깔만은 고르고 싶어!

히치하이킹을 하며 도로에 서 있으니 저쪽에서 마음에 드는 차 한 대가 달려오는 것이 보였다. 그 차는 무슨 색깔일까? 다음 A~D 중에서 하나를 골라보자.

A 빨간색 차

B 파란색 차

C 하얀색 차

D 검은색 차

Test 27 진단 결과

이 테스트에서는 당신이 어떤 연애를 바라는지 알 수 있다. 저 멀리서 달려오는 차의 색깔은 당신이 기대하는 연애의 이미지를 나타낸다. 어떤 색깔을 선택하는가로 당신이 바라는 연애 타입을 알 수 있다.

A 선택한 사람

외모도 조건도 최고. 모두에게 자랑할 만한 애인이 좋아!

빨간색이 나타내는 것은 '지위'. 즉 당신은 친구에게 자랑할 수 있는 연애를 하고 싶어하는 사람이다. 세련된 직종이나 유명 기업에서 일하며 외모도 매력적인 상대에게 반하는, 자기가 연애 영화의 주인공이 될 수 있는 이상적인 연애를 그리는 것 같다. 그런 멋진 상대를 만나면 연인의 마음에 들 수 있도록 열심히 스스로를 갈고 닦는 태도를 길러야.

B 선택한 사람

부모와 친구들이 마음에 들어할 만한 상대와 산뜻한 연애를!

파란색이 나타내는 것은 '젊음'. 즉 당신은 '이게 바로 청춘!'이라 할 만한 산뜻한 연애를 하고 싶어한다. 놀이나 스포츠를 통해 알게 된 상대와 공통된 친구도 많고, 사람들에게 잘 어울린다는 말을 듣는 커플이 되고 싶은 듯. 그런 소망을 실현하려면 자신의 몸과 마음과 건강을 지키며 산뜻함을 발휘해보길.

C 선택한 사람
성실한 상대에게 "결혼을 전제로 사귀자."는 말을 들을 만한 진지한 교제를 하고 싶다!

하얀색이 나타내는 것은 '결혼에 대한 기대'. 즉 당신은 결혼으로 이어질 만한 연애를 하고 싶어한다. 그래서 연애에는 비교적 신중하지만, 진지하고 자신을 소중히 대해주는 상대라면 당장이라도 결혼을 전제로 사귀고 싶은 마음이 있다. 지나치게 허황된 희망 사항만 아니라면 가능해 보이지만, 결혼을 너무 전면에 드러내면 연인이 싫어할 수도 있으니 조심할 것.

D 선택한 사람
어른의 연애를 동경한 나머지 상처를 입을지도 모른다

검은색이 나타내는 것은 '성숙'. 즉 당신은 어른스러운 연애를 하고 싶은 사람이다. 일 이야기도 할 수 있고 성적인 관계도 맺을 수 있는 상대가 이상적인 것 같다. 그러기 위해서 자신보다 인생 경험이 풍부하고 경제적으로도 여유가 있는 상대에게 매력을 느낄 것이다. 성적인 면에서는 호기심이 강하고, 아직 잘 모르는 상대와 하룻밤 관계를 맺는 등 위험한 모험을 하는 일이 있을지도 모른다. 하지만 그렇게 무리해서는 진정한 '어른의 연애'를 할 수가 없다. 초조해하지 말고 천천히 인생 경험을 쌓아가자.

Test 28

단골 카페의 찜한 자리!

당신이 자주 가는 단골 카페에서 일어난 일이다. 아래 만화를 읽고, 네 번째 칸에서 주인공이 취한 행동을 다음 A~C 중에서 하나를 골라보자.

❶ 여기는 단골 카페.

❷ 마음에 드는 자리에서 느긋하게 시간을 보내는 것이 나의 휴식시간.

❸ 그런데 오늘 이미 다른 사람이 앉아버렸다.

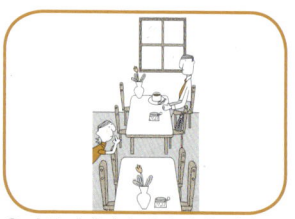

❹ 다른 빈자리가 있긴 한데, 어떻게 할까?

Ⓐ 마음에 드는 자리가 날 때까지 기다린다.

Ⓑ 다른 자리에 가서 앉는다.

Ⓒ 그날은 돌아간다.

Test 28 진단 결과

이 테스트에서는 당신의 연인에 대한 독점욕과 질투심이 얼마나 강한지 알 수 있다.

마음에 드는 자리는 당신의 영역을 나타낸다. 다른 사람이 그 자리에 앉아 있는 상황에서는 자신의 영역이 침범당했다는 생각이 들기 마련이다. 거기서 당신의 연인에 대한 독점욕이 얼마나 강한지, 또 어떤 식으로 질투하는지를 알 수 있다.

선택한 사람

독점욕은 매우 강하지만 질투심은 그다지 강하지 않은 타입

▶ **독점욕은?** 독점욕이 매우 강한 사람이다. 연인을 나만의 사람으로 만들고 싶은 생각이 강해서 다른 이성이 연인에게 다가가기만 해도 그 이성에게 적의를 느낀다.

▶ **질투심은?** 질투심은 그다지 강하지 않다. 연인의 마음이 내게 있다고 확신할 때는 연인을 신뢰한다. 만약 연인이 바람피우거나 마음이 변할 때는 질투할 새도 없이 누구를 선택할 것인지 추궁하고 곧바로 흑백을 가리고 싶어한다.

선택한 사람

독점욕도 질투심도 나름대로 강해 내심 평온하지는 않은 타입

▶ **독점욕은?** 독점욕이 나름대로 강한 사람이다. 하지만 겉으로 드러내지 않으려고 하는 것 같다. 다른 이성이 연인에

게 다가가면 겉으로는 친근한 표정을 지어도 내심 상대에게 적의를 품을 것이다.
▶ 질투심은? 연인이 자기 이외의 이성과 친하게 지내는 것을 보기만 해도 조용히 질투심을 불태운다. 만약 연인이 실제로 바람을 피우거나 마음이 변할 때는 미련을 못 버리고 스토커처럼 행동할지도 모른다.

독점욕이 강하지 않지만, 그 이상 질투심을 불태우는 타입

▶ 독점욕은? 독점욕이 강하지 않다. 나만의 사람으로 만들려고 하면 오히려 상대방이 도망가 버리지 않을까 하고 두려워하는 것 같다. 그래서 연인이 다른 이성과 친하게 지내도 신경 쓰지 않으려고 노력한다.
▶ 질투심은? 질투심은 상당히 강하다고 할 수 있겠다. 만약 연인이 바람을 피우면 '나는 버림받았다.' '아니, 그 사람은 꼭 내 곁으로 돌아올 거야.' 이런 감정들이 서로 부딪혀 고통스러워하게 될 것이다.

'독점욕'과 '질투심'은 비슷해 보이지만, 독점욕은 '상대의 모든 것을 내 것으로 하고 싶다'는 소유욕이나 지배욕과 관계가 있다. 한편 질투심은 연인의 애정이 자기 이외의 다른 곳으로 향하고 있다고 느낄 때 생기는 답답하고 개운하지 않은 감정이다. 질투심을 느끼면 지금까지 애정의 대상이었던 연인이 증오의 대상으로 변해버리는 경우도 있다.

Test 29

샤워만 하는가?
온탕 목욕을 즐기는가?

당신은 평소 어떤 방식으로 목욕을 하는지? 다음 A~D 중에 실제로 당신이 목욕탕에서 하는 스타일과 가까운 것을 하나 골라보자.

A 샤워만 하고 끝내는 경우가 많다.

B 미지근한 탕 안에서 오랫동안 몸을 담근다.

C 뜨거운 탕에 잠시 몸을 담갔다가 바로 나온다.

D 탕에 들어 있는 시간보다 몸과 머리카락을 씻는 시간이 더 길다.

Test 29 진단 결과

이 테스트에서는 당신의 연애가 원활하게 이루어지지 않는 원인을 알 수 있다.

목욕탕은 다 벗고 있을 수 있는 곳이다. 이 테스트에서는 목욕하는 방법에 따라서 사랑에 대한 욕구나 두려움 등 마음 깊은 곳에 있는 사랑의 심층심리를 알 수 있다. 선택한 대답에서 당신의 연애가 원활하게 이루어지지 않는 원인을 판단할 수 있다.

A '겁쟁이 연애 타입'. 진정한 자기 자신이 알려질까 두렵다

선택한 사람

당신은 사랑받고 싶다는 감정이 강한 반면에, 사랑하는 사람에게 마음을 활짝 열지 못하는 면이 있다. 상대방에게 너무 가까이 다가가면 그 사람에게 꽉 잡히는 것이 아닐까 하는 두려움이 있거나, 진정한 자기 자신을 알게 되면 실망하지 않을까 불안해하지 않는지? 사랑이 깊어지려면 스스로 마음을 열고 상대의 마음속으로 뛰어들 수 있는 용기가 필요하다.

B '느슨한 연애 타입'. 섹스를 하면 서로 사랑하는 것이다?

선택한 사람

당신은 사랑하는 사람과 몸과 마음을 하나로 잇고 싶다는 욕구가 강하고 이것이야말로 사랑이라고 믿는 것 같다. 또 좋아하는 사람에게는 소박한 신뢰를 기울이고 자연스럽게 마음을

줄 것이다. 하지만 성적인 관계만 맺으면 서로 사랑한다는 착각에 빠지거나 타성적으로 사귀는 일도 있을 듯하다. 사랑에는 갈등이 생기게 마련이다. 갈등을 피하지 말고 서로의 감정을 확인해보는 것도 필요하다.

'실속 연애 타입'. 로맨틱한 감정만으로는 안 된다

연애에 대해서 딱 부러진 생각을 지닌 사람이다. 자신의 인생에 도움이 되는 관계를 바라고 있다. 또 연애나 결혼 때문에 자기가 하고 싶은 일을 희생하는 것을 좋아하지 않는다. 로맨틱한 감정만 가지고는 잘해나갈 수 없다고 생각하며, 연인이나 결혼 상대자에게도 장래성이나 경제력을 요구할 것이다. 하지만 그것만으로 이성을 판단하면 진정한 사랑을 모르고 끝나버릴지도 모른다.

'결벽증 연애 타입'. 의존심이 심해 사랑을 향해 첫발을 내딛지 못한다

상당한 결벽증이 있는 사람이다. 순수하고 플라토닉한 사랑을 원하고 있다. 섹스에 대해 불결하다거나 죄책감을 느끼기도 한다. 하지만 마음속으로는 '사랑하는 사람이 나를 지켜줬으면,' '그 사람에게 의지했으면.' 하는 의존적인 면이 있어서 버림받는 데 대한 불안이 큰 것 같다. 먼저 자신을 믿는 것이 중요하다. 지금 의지하는 사람에게서 자립할 필요가 있을 듯.

Test 30

또 과식하고 말았다!

당신이 과식할 때는 언제인지? 실제로 당신의 행동을 떠올리며 다음 A~D 중에 하나를 고른다면?

A 피곤할 때

B 스트레스가 쌓였을 때

C 혼자 있을 때

D 눈앞에 먹을 것이 있을 때

Test 30 진단 결과

이 테스트에서는 당신의 연애를 원활하게 해줄 비결을 알 수 있다. 먹을 것에 대한 욕구는 사랑의 욕구와 그 비뚤어진 상태를 나타낸다. 이 테스트에서 당신의 연애가 앞으로 나아가지 않는 이유와, 사랑을 이루어줄 비결을 찾아낸다.

선택한 사람

연인에게 더 기대고 그 사람의 응석도 받아들이면 어떨까?

자립심이 너무 강해서 사람에게 기대지 못하는 타입이다. 자신이 응석을 부리지 못할 뿐만 아니라 연인의 응석을 받아들이는 것도 좋아하지 않는다. 어쩌면 마음속의 어딘가에서 거절당할 것에 대한 두려움이 있어서 당신의 자립심을 더 부채질하는지도 모른다. 연애가 잘 이루어지려면 아이 때의 마음으로 돌아가서 서로 응석부리고 응석을 받아주는 면이 필요하다. 좋아하는 사람에게는 용기를 내서 응석을 부려본다. 그것이 연인의 사랑을 계속 이어지게 하는 비결이다.

선택한 사람

더 편안하게 어리바리한 자신의 모습을 보이면 어떨까?

너무 견실한 타입이다. 연애할 때도 좀처럼 연인 앞에서 자신의 결점이나 어리바리한 면을 보여주지 못하는 것 같다. 하지만 연애가 잘 이루어지기 위해서는 완벽한 인간이 아니어도 된다. 오히려 다소의 단점이나 모자란 면이 연인에게 사랑받고 귀여워 보이는 요소가 되는 일이 많다. 좋아하는 사람 앞에서 부족한 모습 그대로를 편안하게 보여주는 것. 이것이 당신이 연애를 잘 이루어갈 수 있는 비결이다.

C 선택한 사람

'있는 그대로의 내 모습도 괜찮다'는 자신감을 가지자

상대방을 위해서 전력을 다하는 타입이다. '아무것도 안 하고 있으면 사랑받지 못하는 것이 아닐까?' 하는 두려움이 있어서 연인에게 응석부리기보다는 그 사람에게 전력을 다하여 사랑을 얻어내려고 하는지도 모르겠다. 하지만 그런 방법으로는 결국은 원하는 사랑은 얻지 못하고 외로운 경험을 하게 될 것이다. 사랑은 주는 것과 동시에 받는 것이기도 하다. 전력을 다하려고 하지 않아도 사랑을 주는 사람은 있다. 그렇게 생각하는 것이 당신의 연애가 잘 이루어지는 비결이다.

D 선택한 사람

자신의 감정을 더 솔직하게 표현해보면 어떨까?

사랑하는 사람과 평화롭게 살고 싶은 타입이다. 싸우지 않고 언제나 평온한 관계가 이어지기를 바란다. 감정이 서로 부딪치거나 갈등 상황을 두려워하는 마음이 강한 듯. 하지만 서로 여러 가지 감정이 부딪힘으로써 유대관계가 더욱 깊어지는 것이 연애이다. 마음을 굳게 먹고 심란한 관계로 뛰어들어 보자. 그것이 당신의 연애가 잘 이루어지는 비결이다.

Test 31

데이트하러 집에서 나온 시간은 몇 시일까?

당신이 좋아하는 사람을 떠올려보자. 당신은 그 사람과 데이트를 하게 되어 이제 외출하려고 한다. 당신은 몇 시에 집에서 나왔을까? 자유롭게 대답해보자.

제3장 행복한 연애와 결혼을 위하여

Test 31 진단 결과

이 테스트에서는 당신이 연인과의 관계에서 무엇을 기대하는지를 알 수 있다.
당신이 대답한 시각에서 당신이 그(그녀)와의 관계에 어떤 것을 기대하는지 알 수 있다. 몇 가지 예를 들어본다.

대답 예

● 아침 7시나 8시, 오전 중의 이른 시각

오전 중 이른 시간이라고 대답한 사람은 그(그녀)와 쭉 같이 있고 싶어하는 사람이다. 하루 종일 연인을 독점하고 싶다는 강한 욕구를 엿볼 수 있다. 그 사람과 함께 있다고 생각만 해도 두근거리지 않는지? 결혼에 대한 소망도 강할 것 같다.

● 낮의 12시 전후(점심시간 정도)

점심시간 정도의 시각으로 답한 사람은 그(그녀)가 어떤 사람인지 알아보고 싶어하는 사람이다. 그 사람과의 교제를 진지하게 생각하고 있기는 하지만, '정말로 이 사람이 내 짝일까?' 하면서 아직 두 사람이 잘 맞는지 확신하지 못하는 듯하다.

● 오후 2~3시경

오후 중 이른 시간으로 답한 사람은 잠시 동안은 친구 관계로 지내고 싶어하는 사람이다. 친구에서 연인으로 발전하면 좋고, 친구 관계로 남아도 그렇게 애석하지 않다. 오히려 너무 깊이 관여하여 상처받는 사이가 되고 싶지 않은 마음이 있는 듯하다.

● 저녁부터 저녁식사에 걸친 시각

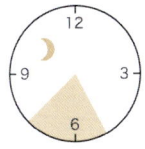

저녁시간대로 답한 사람은 그(그녀)와 어른스러운 관계를 맺고 싶어하는 것 같다. 로맨틱한 말을 걸어줬으면 하고 기대하기도 한다. 또 섹스에 대한 관심과 기대감도 고조되어 있을지도 모르겠다.

● 밤 9시부터 10시 이후

'밤늦게'의 시간대로 대답한 당신은 만나면 반드시 섹스의 관계를 기대할 것 같다. 아니면 어른스러운 관계를 넘어선 좀 위험한 관계를 바라는지도. 연애의 진전을 너무 서두르다 데이지 않도록 할 것.

Test 32

호칭을 쓰는 스타일은?

'여자'를 지칭하는 말도, '남자'를 지칭하는 말도 부르는 방법이 여러 가지다. 다음 A~D 중에서 어떤 호칭이 가장 자연스럽게 들리는지?

A 여자·남자

B 여성·남성

C 여자아이·남자아이

D 남·여

Test 32 진단 결과

이 테스트에서는 당신이 이성을 어떻게 의식하는지를 알 수 있다.
남·여, 남성·여성, 남자·여자 등 부르는 방법은 저마다 다르다. 또 어른이 되어서도 이성을 '남자아이, 여자아이'라고 부르는 사람도 있다. 어떻게 부르는가에 따라서 당신이 이성을 어떻게 의식하는지 알 수 있다.

선택한 사람

성관계 쪽은 배제하고 산뜻한 관계로 사귀고 싶다

'여자, 남자'라고 부르는 것을 선호하는 당신은 그다지 자신의 성을 크게 의식하고 싶어하지 않는 면이 있다. 야한 대화는 싹 흘려들으며 좋아하는 상대와도 잠시 그룹 교제 같은 형태로 산뜻하게 사귀는 것이 좋고, 일 대 일의 깊은 관계는 아직까지는 바라지 않는 것 같다. 그래서 성큼성큼 거리를 좁히려는 적극적인 이성에게서 달아나곤 하지 않는지?

선택한 사람

사회성 있는 세련된 이성을 좋아한다. 아이 같은 남자는 사양

'여성, 남성' 같은 호칭을 선호하는 당신은 '나는 어른'이라는 자각이 있는 사람이다. 사귄다면 취미가 맞는 사람과 어른스러운 교제를 하고 싶어한다. 그만큼 상대에 대한 이상이 높고 연인이라면 어디에 가도 세련되게 대처할 수 있는 사회성을 지닌 사람이 좋다고 생각하고 있다. 둘의 관계에 책임을 질 수 있는 사람, 자신을 리드해줄 수 있는 상대가 당신의 취향이 아닌지?

선택한 사람

지금은 진지한 교제는 하고 싶지 않다. 많은 사람과 즐겁게 교제하고 싶다

'여자아이, 남자아이' 같은 호칭을 선호하는 당신은 지금으로서는 연애의 두근거리는 느낌을 계속 간직하고 싶은 타입이다. 마음이 잘 맞는 사람과 데이트를 하거나 함께 술 마시러 가는 등 즐거운 교제를 하고 싶을 뿐, 아직 특정 상대를 정하거나 결혼이 전제가 될 것 같은 교제는 원하지 않는다. 연애 상대로는 깊은 관계나 결혼을 재촉하는 사람은 사양. 어쨌든 함께 있으면 즐거운 사람을 원하는 것 같다.

선택한 사람

이성의 존재를 항상 의식. 교제는 현실적인 상대와 하고 싶다

'남·여'라는 호칭을 선호하는 당신은 남녀의 차이를 항상 의식하는 사람이다. 이성에 대해서 동경과 함께 반발심을 느끼는 면이 있어서, 남(여)자를 싫어하게 될 때도 있고 남(여)자를 좋아하게 될 가능성도 있다. 연애에 대해 로맨틱한 공상은 품지 않고 큰 기대도 하지 않으며 현실적인 상대를 고른다. 어른으로서 남녀의 섹스는 당연하다고 생각하지만, 반면에 윤리의식이 강해 불륜 같은 관계는 피하려는 면도 있다.

Test 33

박물관에서 흥미있게 본 전시 코너는?

박물관 구경을 갔다. 당신이 특히 흥미있게 보는 것은 어느 전시 코너인가? 다음 A~D 중에서 하나를 고른다면?

A 18세기 유럽전 - 퐁파두르 부인과 프랑스 궁정 이야기

B 대공룡전 - 티라노사우루스, 렉스의 시대

C 고대 문명전 - 이집트 파라오 시대와 모아이 상으로 유명한 이스터 섬

D 대자연과 원주민전 - 북아메리카 원주민 시대

Test 33 진단 결과

이 테스트에서는 당신이 동경하는 이상적인 결혼생활을 알 수 있다.
박물관에서 흥미를 끄는 전시 코너는 당신의 로맨틱한 감정을 자극하는 곳이다. 이 테스트에서는 당신이 동경하는 이상적인 결혼생활과 그 결혼생활을 이루어주는 이상적인 상대를 알 수 있다.

선택한 사람

'유명인'이라고 불러줬으면! 그러려면 뭐니뭐니해도 경제력

경제적으로 풍족한 결혼생활을 보내고 싶은 사람이다. 유명인 같은 생활을 동경하고 멋진 인테리어에 둘러싸인 집에서 파티를 여는 것이 꿈이 아닌지? 한편으로는 가게를 경영하거나 뭔가를 가르치는 선생님이 되고 싶은 야심도 있어 보인다.
▶**이상적인 결혼 상대** 당신의 이상을 이루려면 상대방은 당연히 경제력이 풍부해야 한다. 돈을 위해서라면 사랑이 없어도 결혼할 듯.

선택한 사람

자유롭고 대화가 통하는 결혼생활을 하고 싶다!

고정관념에 사로잡히지 않은 자유로운 결혼생활을 하고 싶은 사람이다. 결혼해도 집에 눌러 앉겠다는 생각은 없고, 독신일 때처럼 자신이 좋아하는 일을 하려고 하는 타입이다. 결혼 후에도 하고 싶은 일이 있으면 계속하고 이성 친구와도 어울리고 싶어할 것이다.

▶**이상적인 결혼 상대** '남자는 일, 여자는 가정'이라는 생각이 강한 사람은 맞지 않다. 자영업, 자유업에서 일하는 상대와 잘 맞을듯.

선택한 사람

갈등이나 트러블이 없는 평온한 결혼생활을 하고 싶다!

당신은 파란이 일지 않는 평온한 결혼생활을 바라는 사람이다. 결혼생활은 상대가 그 누구라도 여러 가지 갈등이 생겨서 힘들 것 같다고 생각하고 있다. 어쩐지 이대로 결혼을 안 하는 게 아닌가 하고 생각하는 부분이 있지 않은지?

▶**이상적인 결혼 상대** 늦게 결혼을 하게 될 것 같은 당신은 어떤 일에도 관용적이며, 살짝 등을 떠밀어줄 수 있는 힘있는 사람이 좋을 것 같다.

선택한 사람

존경할 수 있는 상대와 정신적인 유대를 느끼면서 살고 싶다!

정말로 마음이 잘 맞는 사람과의 결혼생활을 꿈꾸는 사람이다. 결혼한다면 '사랑한다'는 감정뿐만 아니라 인간적으로도 존경할 수 있는 사람을 찾을 것이다. 상대방의 직업이나 수입 같은 조건에 좌우되는 일이 없이, 어디까지나 사람 됨됨이와 정신적인 유대를 중시할 것이다.

▶**이상적인 결혼 상대** 공통된 취미나 관심거리를 나누며, 서로의 세계를 공유할 수 있는 사람이 좋을 것 같다.

Test 34

길을 헤매다 숲 속에서 곰 가족을 만나다

다음 이야기를 읽고 질문에 대답해보자.

숲 속에서 한 여자아이가 길을 잃었다. 어두운 숲 속을 헤매다가 곰돌이 가족이 사는 작은 집을 발견했다. 곰돌이 가족은 여자아이를 집으로 맞아들이고 따뜻한 수프와 저녁을 대접했다. 하지만 수프 그릇이 아빠 곰, 엄마 곰, 아이 곰 그릇 세 개밖에 없었다. 곰 가족이 아무 그릇이나 써도 된다고 해서 여자아이는 그릇을 하나 골랐다.

날이 이미 어두워져 여자아이는 하룻밤 자고 가기로 했다. 아기 곰과 함께 자게 된 여자아이는 한밤중에 무슨 소리가 들려서 눈을 떴다. 하지만 아무 일도 일어나지 않아서 다시 깊은 잠에 빠졌다가 창밖에서 비쳐 들어오는 아침 햇살에 눈을 떴다.

곰 가족은 벌써 일어나서 움직이고 있었다. 여자아이는 재워 준 보답으로 도와주기로 했다. 그러고 나서 다 같이 아침을 먹고 여자아이는 무사히 집으로 돌아왔다.

Test 34

Q1

여자아이가 무슨 일로 숲에서 헤매게 되었을까?

A 엄마에게 부탁을 받아 심부름을 가던 길에
B 숲 속 깊은 곳을 탐험하다가
C 친구들과 숨바꼭질 놀이를 하다가
D 혼자서 꽃을 따러 갔다가

Q2

여자아이가 수프를 먹기 위해서 빌린 그릇은 누구의 그릇이었을까?

A 제일 작은 아기 곰 그릇
B 중간 크기의 엄마 곰 그릇
C 가장 큰 아빠 곰 그릇

Q3

여자아이가 밤중에 들은 소리는 어떤 소리였을까?

A 아빠 곰과 엄마 곰의 이야기 소리
B 같은 방에서 자는 아기 곰의 잠꼬대
C 집 밖 숲에서 나무들이 바람에 흔들리는 소리

Q4

아침에 일어나서 여자아이는 누구를 도와줬을까?

A 엄마 곰과 함께 아침식사 준비를 했다.
B 아빠 곰과 함께 집의 지붕을 수리했다.
C 아기 곰과 함께 숲에 벌꿀을 따러 갔다.

도와 드릴게요.

Q5

곰 가족은 숲가까지 배웅해주었다. 여자아이는 헤어질 때 뭐라고 했을까?

A "또 놀러 올게요."
B "다음에는 우리 집에 놀러 와."

Test 34 진단 결과

이 테스트에서는 당신의 행복한 결혼생활을 위한 비결을 알 수 있다.

숲 속에서 사는 곰 가족은 '엄마와 아빠와 아이'라는 가족의 한 단위를 나타낸다. Q1~Q5의 질문에 어떤 대답을 고르는가에 따라서 당신의 결혼관과, 가족과 가정에 대해서 막연하게 갖는 기대감 등을 알 수 있다.

Q1의 진단 결과 : 당신이 결혼을 결심하는 이유는?

어떤 때에 결혼하기로 결심하는가? 그 이유는 사람에 따라서 다르다. 이 테스트에서는 당신이 어떤 결혼을 할 것 같은지, 결혼을 결심할 때 어떤 선택을 하게 될지 판단한다.

선택한 사람

부모에게서 자립하고 싶어서 결혼하려는 타입

'부모 슬하에서 떨어지고 싶어 결혼하고 싶다.'는 생각이 강해 보인다. 부모에게서 자립하고 싶다는 욕구와 결혼에 대한 소망이 겹친 듯하다. 그래서 좋아하는 사람이 생기면 빠른 시일 안에 그 사람과 결혼하려고 할 것이다. 하지만 부모의 반대를 무릅쓰면서까지 결혼하기는 힘들 것이다. 부모에게서 자립하고 싶다는 마음과 떨어지지 못하겠다는 마음이 공존하는 것 같다.

자신의 의사로 결정하고 부모의 의견은 듣지 않는 타입

자신의 의사로 결혼 상대를 정하는 사람이다. "사랑하니까 함께 있고 싶어서 결혼하겠다."고 선언하고 부모와 의논하는 일 없이 둘이서만 결정해버릴 것이다. 아무리 부모나 주위 사람들이 반대를 해도 포기하지 않고 오히려 결혼 의사를 굳힐 것 같다. 그리고 동거를 하면서 친구에게 결혼 사실을 알리거나, 혼인신고를 하여 도장을 찍으려고 할 것이다.

주위에서 결혼하기 시작하니까 나도 결혼하고 싶다는 타입

'주위 사람들이 결혼을 하니까.' 이런 이유로 결혼을 생각하는 사람인 것 같다. 그런 생각을 할 무렵에 좋은 사람이 생기면 그 사람과 결혼을 전제로 교제하려고 할 것이다. 적당한 사람이 없으면 "좋은 사람 좀 소개해달라."고 주위에 부탁하여 친구의 소개로 이성을 만나거나 소개팅에 나가는 등 애인보다는 결혼 상대를 필사적으로 찾으려 할 수 있다.

운명의 사람과 만나서 결혼하고 싶어하는 타입

연애뿐만 아니라 결혼에도 상당히 로맨틱한 공상을 하는 사람이다. 결혼한다면 '그 사람 외에는 없다!'라는 꼭 운명의 상대를 만나야 한다고 생각한다. 반면에 경제적으로 자신을 부

Test 34 진단 결과

양할 수 있는 사람이었으면 하는 현실적인 희망도 있어 결혼 상대는 비교적 소박하고 상냥하면서 평범한 사람이 될 수도 있겠다.

Q2의 진단 결과 : 결혼 후 어떤 주부(남편)가 될까?

결혼 후 당신은 가정 일에 어떻게 관여하게 될까? 이 테스트에서는 당신이 결혼하고 나서 어떤 주부(남편)가 될지 알아본다.

선택한 사람

전업주부 생활에 아무런 불만 없이 살아갈 수 있을 것이다

당신은 스스로를 가정 안에서 보호받아야 할 사람이라 생각하고 있다. 집안일이나 잡일은 좋아하지 않지만 무난하게 해낸다. 중요한 일이 있으면 스스로 결정하려 하지 않고 남편이나 아내의 판단에 맡기려고 할 것이다. 경제 면에서도 배우자에게 의지한다. 자립심이 그다지 강하지 않아서 전업주부(전업주부 남편)로 지내도 불만스러워하지 않을 타입이다.

선택한 사람

'집안일은 나만 믿어'. 스스로 잘 지휘를 해나갈 것이다

주위의 기대에 맞춰 역할에 맞게 행동할 수 있는 사람이다. 가정생활에서나 부인(남편), 부모로서의 역할을 잘해내고 가정에 충실한 사람이 되려고 한다. 전업주부(전업주부 남편)라면 "집안일은 전부 나만 믿어!" 하는 식으로 지휘를 하고, 돈줄을 꽉 쥐는 타입이다.

선택한 사람

C 주부 일만으로는 부족하여 점점 집 밖으로 나오는 타입. 넘치는 에너지를 사회활동에 쏟다.

자신에게 큰 가능성이 있다고 믿는 사람이다. 결혼해도 가정 안에서만 머무르지 못하는 타입이다. 전업주부(전업주부 남편)로 지내면 에너지가 남아돌아서 결국에는 사회와 연관을 맺는 활동에 힘을 쏟을 것이다.

Q3의 진단 결과 : 결혼 후에 중시하는 것은?

가정생활에서 소중하게 다루고 싶은 것은 여러 가지가 있다. 이 테스트에서는 결혼 후에 당신이 어떠한 부분을 가장 중요시하는지 알 수 있다.

선택한 사람

A 행복한 가정생활의 열쇠는 부부 사이. 부부 간의 대화가 무엇보다 중요해!

부부 사이의 대화를 가장 소중하게 여기는 사람이다. 서로 마음속에 느끼는 것을 이야기하고 이해를 하고 싶다. 또 언제까지라도 남자와 여자로 지내고 싶어하는 부분이 있다. 그래서

제3장 행복한 연애와 결혼을 위하여

Test 34 진단 결과

어느 한 사람이 너무 바빠서 둘이서 보내는 시간이 적어지거나, 아이가 태어나서 아이 중심으로 생활이 바뀌면 순식간에 욕구불만이 쌓일 것이다.

선택한 사람

무엇보다 아이가 중요해! 항상 아이를 우선하는 생활을 한다

아이를 첫 번째로 생각하는 사람이다. 아이가 태어나면 육아에 열중하며, 가정생활도 언제나 자녀 중심으로 생각하고 자신의 시간이나 즐거움을 희생하는 면이 있다. 하지만 달리 보면 아이와 함께 성장해갈 수 있는 타입이다. 아이가 없다면 그 때문에 부담을 느낄 수 있으며, 애완동물 등에 애정을 쏟으며 돌봐줄 대상을 찾을 것이다.

선택한 사람

돈, 건강, 이웃과의 관계 등 안정을 가져다주는 것이 중요해!

안정된 가정생활을 유지하는 것이 가장 소중하다고 생각하는 사람이다. 특히 경제적인 면과 가족의 건강, 이웃들과의 관계를 잘 맺고 나서야 비로소 행복한 가정생활을 유지할 수 있을 것이라고 생각한다. 따라서 꼬박꼬박 돈을 저금하거나 가족의 건강 관리에 신경을 쓸 것이다. 이웃 사람들과도 말썽이 일어나지 않도록 항상 신경을 쓸 것 같다.

Q4의 진단 결과 : 행복한 결혼생활을 이루기 위해서 필요한 것은?

누구를 도와주느냐에 따라서 당신이 지니고 싶어하는 기질을 알 수 있다. 그것은 애정 면에서 자신에게 부족하다고 느끼지만 실제로는 당신 속에 깃들어 있기에 가정생활을 더욱 풍요롭게 하고, 다음 세대에 물려줄 만한 훌륭한 면을 나타낸다. 그 기질이 마음껏 발휘된다면 당신은 행복을 찾을 수 있을 것이다.

다른 사람에 대한 상냥함이나 섬세함을 지니고 싶다. 가정의 행복은 자상함으로 지킨다

당신은 자신에게는 아직 다른 사람의 감정을 배려하는 상냥함이나 섬세함이 부족하다고 느끼고 있다. 그것은 어쩌면 당신이 아이였을 때 주위 어른들이 충분히 상냥하게 대해주지 않았다는 생각이 있기 때문일지도 모른다. 하지만 당신은 본래 상처받기 쉬운 사람이면서 동시에 다른 사람에게 상처를 주면 안 된다는 생각도 지니고 있다. 가정의 행복은 그 자상함으로 만들어갈 것이다.

넓은 마음으로 사람을 받아들이는 관대함을 지니고 싶다. 가정의 행복은 포용력으로 지킨다

당신은 자신이 아직 남을 받아들이는 관대함이 부족하다고 생각하고 있다. 그것은 어쩌면 어린아이였을 때 주위의 어른들이 넓은 아량으로 받아주지 않았다는 생각이 있기 때문일

Test 34 진단 결과

지도 모른다. 하지만 당신에게는 본래 어떤 것이라도 받아들일 수 있는 충분히 강한 면이 내재해 있다. 가정의 행복은 이 관대함에 의해서 이루어질 것이다.

C 자신 안에 있는 천진난만함과 자유로운 발상을 더 발휘하고 싶다

당신은 자신의 천진난만함과 자유로운 발상이 아직 발휘되지 않았다고 생각하고 있다. 어쩌면 어린아이였을 때 "너는 이런 아이구나." 하고 주위 어른들이 단정지어서 진정한 자기다움을 발휘하지 못했기 때문일지도 모른다. 하지만 당신에게는 본래 어떤 색깔로도 물들지 않는 자기다움의 원천이 분명히 있을 것이다. 가정의 행복은 그 천진난만함과 자유로운 발상에 의해서 만들어질 것이다.

Q5의 진단 결과 : 결혼 후의 친구 관계는?

내가 상대방이 있는 곳으로 가는지, 아니면 상대방을 나의 집에 초대하는지에 따라서 인간관계를 대하는 방법을 알 수 있다.

A 새로운 만남을 추구하고 결혼 후에도 지인이 늘어날 것이다

새로운 인간관계를 추구하는 사람이다. 낡은 관계보다 새로운 만남이 더 즐거운 타입이다. 예전부터 알고 지내온 사람과 오랜 시간 만나지 않게 되면 감정적인 친밀감도 엷어져서 점점 소원해지는 경향이 있다. 그런 당신은 결혼생활이 길어질수록 밖에서 활동하는 일도 많아지고 새롭게 아는 사람도 늘어날 것이다.

B 결혼생활이 길어질수록 집이 편해질 것이다

과거의 추억을 그리워하는 사람이다. 사람들과의 마음의 교류를 소중히 하며, 오랜 시간 못 만난 사람에 대해서도 때때로 떠올리고는 '어떻게 지내고 있을까?'라고 그리워하거나 실제로 연락을 해보는 면도 있다. 그런 당신은 결혼생활이 길어질수록 마음 편한 집에 머무르는 일이 많아져서 어울리는 사람도 예전부터 알고 지낸 친구들로 좁아지는 경향이 있을 것이다.

연애하다 상처받을까봐 망설이는 사람들에게
★ 행복지수가 올라가는 마법의 어드바이스 ③

살아가다 보면 여러 일로 상처를 받게 되지. 그 중에서도 연애하다 상처받는 사람이 무척 많을 거야.

애인한테 배신당하거나, 좋아하는데도 둘 사이가 삐걱대거나, 내 마음을 상대방이 잘 받아주지 않는 등.

아니면 누군가를 좋아해도 마냥 그 생각이나 느낌을 전하지 못하고, 그런 자기 자신에게 실망하는 사람도 있을 거고.

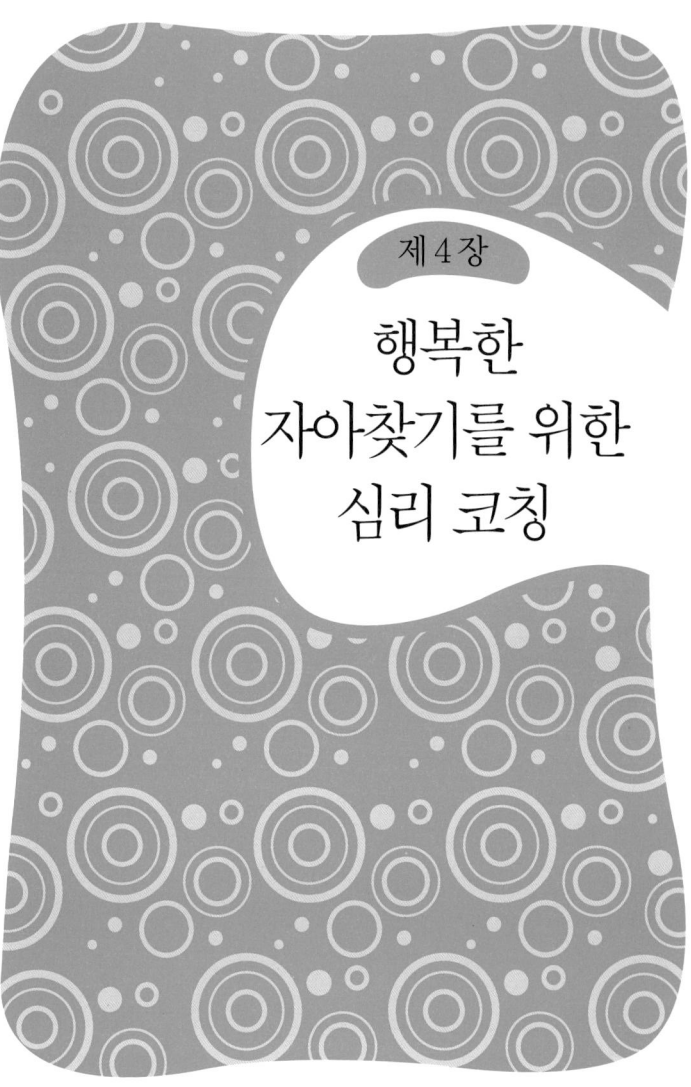

제 4 장

행복한 자아찾기를 위한 심리 코칭

> "숨을 가다듬고 마음을 봐.
> 행복이 가까워질 거야!"

당신 안에는 지금 스스로 깨닫지 못하는 많은 재능이 잠들어 있다. 좀 더 자신의 내면을 찬찬히 들여다봄으로써 잠재능력을 발휘해보자.

Test 35

괴물이 산다는 연못을 지나다!

정체불명의 괴물이 산다고 소문난 연못 앞을 지나가게 되었다. 당신이라면 어떤 행동을 취하겠는가? 다음 A~D 중에서 하나를 골라보자.

A 돌을 던져본다.

B 잠시 바라본다.

C 그대로 통과한다.

Test 35 진단 결과

이 테스트에서는 현재 당신이 잠재능력을 살리고 있는지 아닌지를 알 수 있다.

연못은 당신의 내면을 상징한다. 그리고 연못에 사는 정체불명의 생물이란 당신이 깨닫지 못하는 자신의 '잠재능력'을 나타낸다. 이 테스트에서는 연못 앞에서 취하는 태도에 따라서 지금 당신이 잠재능력을 어느 정도 살리고 있는지를 측정할 수 있다.

선택한 사람

잠재능력을 충분히 발휘하고 있다. 지금 하는 일에 성실히 전념하자

현재 자신의 잠재능력을 충분히 발휘하는 사람이다. 하지만 스스로는 아직 진정한 능력을 전부 발휘하지 못하고 있다고 여기고 있다. 자신에게는 더 실력이 있고, 더 대단한 일도 할 수 있을 것이라고 믿어, 가능성을 시험해보기 위해서 여러 가지 일에 도전하려고 할 것이다. 하지만 지금 하는 일이야말로 당신이 잠재능력을 충분히 발휘하는 일이다. 그 일에 성실히 전념하고 깊이 파고들면 머지않아 단숨에 도약하는 날이 올 것이다.

선택한 사람

자신을 믿지 않기 때문에 능력의 일부밖에 발휘하지 못하고 있다

현재 잠재능력의 일부밖에 발휘하지 못하는 사람이다. 자신의 능력을 믿지 못하여 하고 싶은 일이 있어도 자신에게 맞는 일인지 아닌지, 해낼 수 있을까를 고민하다가 스스로 제동을 걸어버리기 때문이다. 하지만 실행해보지 않으면 어떻게 될지 모르는 일은 많이 있다. 조금 더 적극적으로 원하는 일에 도전해보라. 의외로 '나에게 이런 재능이 있었구나!' 하고 깨닫게 될지도 모른다.

선택한 사람

잠재능력의 대부분이 잠들어 있는 사람. 뭔가 하나라도 새로운 일에 도전해보자!

현재 잠재능력을 방치하는 사람이다. 뭔가 시작하기 전부터 "이런 것을 해봤자 무슨 의미가 있어." 하며 포기하지 않는지? 잠재능력을 방치하여 아무런 행동도 하지 않는 반면에 '나도 시작하면 분명 해낼 수 있을 것이야.'라는 공상 속으로 습관적으로 도망치곤 한다. 도전해보면 나에게 어느 정도의 능력이 있는지를 알게 된다. 일단 할 수 있을 것 같은 일부터 시작해보라.

Test 36

식물원에서 찾은 좋아하는 잎사귀의 모양은?

식물원을 찾은 당신은 식물의 잎사귀 모양에 흥미를 갖고 식물원의 여러 곳을 둘러보았다. 가장 마음에 든 것은 어떤 모양의 잎사귀인가? 다음 A~D 중에서 하나를 골라보자.

Ⓐ

Ⓑ

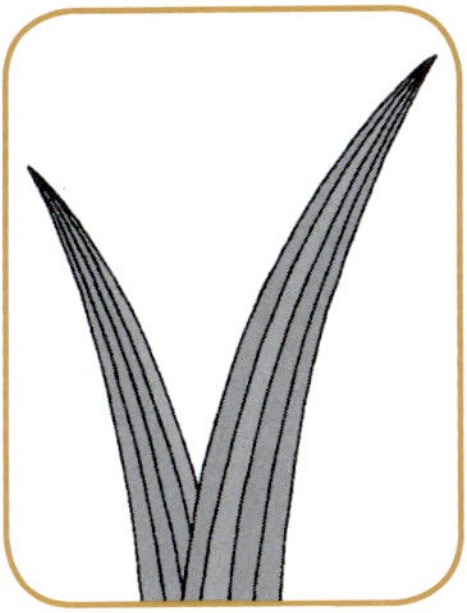

Ⓒ

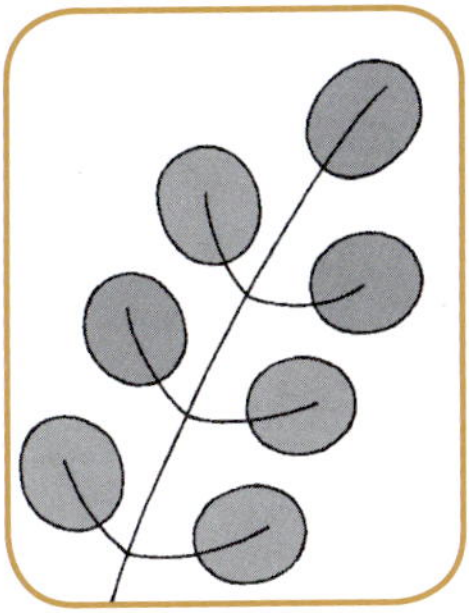

Ⓓ

제4장 행복한 자아찾기를 위한 심리 코칭 189

Test 36 진단 결과

이 테스트에서는 당신이 어떤 지성의 소유자인지 알 수 있다.
초록이 넘치는 풀과 나무의 잎사귀는 지성의 상징. 어떤 모양의 잎사귀를 선호하는가에 따라서 당신이 어떤 지성의 소유자인지 알 수 있다. 또한 지적인 능력을 잘 활용하기 위한 단서도 얻을 수 있다.

선택한 사람

왕성한 탐구심과 새로운 것을 만들어내는 창의력의 소유자

관심을 갖는 일은 완전히 알고 싶어하는 탐구심의 소유자이다. 지적 호기심이 강하고 선입견이나 고정관념을 갖지 않고 사물을 판단할 수가 있다. 넓은 시야로 상황을 꿰뚫어보는 능력도 탁월하다.

▶지성을 발휘하는 법 새로운 발상으로 시대를 앞서가는 일이나 아이디어를 만들어낸다. 기업가적인 센스도 발휘한다.

선택한 사람

공감 능력과 마음으로 느끼는 능력의 소유자

세상에는 이론으로는 설명할 수 없는 것이 많다는 사실을 아는 사람이다. 세상의 상식이나 교과서적인 지식에 얽매이지 않고 자신의 마음으로 느끼는 것 중에서 진실을 발견하려고 한다. 또 균형 잡힌 감정의 소유자로 사람들의 느낌이나 감정을 헤아리는 능력이 뛰어나다.

▶**지성을 발휘하는 법** 자신의 감정을 표현하는 창작활동이나 사람의 마음을 보살피는 일에 재능을 발휘할 수 있다.

선택한 사람

C 이상을 끊임없이 추구하는 강한 의지와 행동력의 소유자

높은 이상을 추구하는 지성이 뛰어난 사람이다. '사고하는 사람'이라기보다는 '행동하는 사람'으로, '이렇게 되어야 할' 이상을 향해서 꾸준히 끈기 있게 노력을 더해가면 완벽에 더 가까워질 수 있을 것이다.

▶**지성을 발휘하는 법** 자신이 믿는 바를 완수해내는 강한 의지와 신념을 계속 지닐 수 있는 당신은 사회 개혁이나 환경 개선에 힘을 발휘할 수 있을 것이다.

선택한 사람

D 오감을 통해서 느끼는 감각적인 지성의 소유자

오감을 통해서 얻는 정보에 민감하고 감각적인 지성이 뛰어난 사람이다. 특히 시각 정보에 민감하여, 예를 들면 사람의 옷차림에서 스카프나 넥타이의 색깔 등이 신경 쓰이거나 한다. 또 상대방의 작은 표정의 변화나 말하는 방법의 차이도 금세 알아차리고 세세한 것까지 배려한다.

▶**지성을 발휘하는 법** 건축 디자인이나 인테리어, 패션 코디네이터, 정리정돈 기술 등에서 뛰어난 능력을 발휘한다.

Test 37

목장의 한 마리 양이 되다!

양떼가 있다. 당신은 그 양들 중 한 마리라고 생각하고 다음 Q1~Q4의 질문에 대답해보자.

당신은 울타리 안의 양들 중 한 마리이다.
당신과 다른 양의 관계는?

A 모두 사이가 좋다.

B 나만 다른 양들과 다르다.

C 모두 뿔뿔이 흩어져서 행동한다.

Test 37

Q2

양치기가 없는 동안 양치는 개가 양떼를 감시하고 있다. 당신은 이 개에 대해 어떤 느낌을 갖고 있는가?

A 의지도 되고 좋아한다.
B 잘난 척해서 싫다.
C 그다지 흥미가 없다.

Q3

울타리의 바깥에는 양떼를 바라보는 늑대가 있다. 당신은 늑대를 어떻게 생각하고 있는가?

A 지금이라도 습격해올 것 같고 무섭다.
B 원래는 좋은 놈일 거야.
C 모두한테 미움받고 불쌍하다.

자리를 비웠던 양치기가 돌아왔다. 양치기의 나이는?

A 노인

B 30~40살

C 소년

Test 37 진단 결과

이 테스트에서는 당신의 마음 깊은 곳에서 느끼는 세상에 대한 이미지를 알 수 있다.

이 테스트의 주인공인 양은 세상 사람들을 상징한다. 그 양에 대해 어떤 느낌을 떠올리는가에 따라서 당신이 세상 사람들이나 사회의 규칙 등에 대해서 어떻게 느끼는지 알 수 있다.

Q1의 진단 결과 : 사회의 상식과 규칙을 어떻게 받아들이는가?

이 테스트에서는 당신이 세상의 상식과 규칙에 대해서 어떻게 느끼는지를 알 수 있다.

선택한 사람

자신을 상식적인 사람이라고 생각하며 여러 가지 규칙에 얽매인다

스스로를 매우 상식적인 인간이라고 생각하는 사람이다. 항상 세상의 일반적인 관점이나 가치관에 맞춰서 행동하며, 조금이라도 상식에서 벗어난 사람이 있으면 별나다고 생각해 그 사람과는 어울리지 않거나 부정적인 시선으로 본다. 그런 당신은 자신이 생각하는 것보다 좁은 세계 안에서 살고 있다고도 할 수 있다. 한번쯤 자신이 상식이라 생각하는 틀을 버려보면 어떨까?

'나는 상식과 맞지 않는 특별한 존재'라고 착각?

세상의 상식은 자신과 맞지 않는다고 생각하는 사람이다. 상식에 얽매여 사는 사람은 지극히 평범하며, 그에 비해서 자신은 너무 독특하고 특별한 존재. 하지만 그로 인해 누구도 자신을 이해하지 못하고, 인생은 매우 살기 힘든 것이라고 느끼는 것 같다. 하지만 그것은 너무나 자신을 특별한 관점으로만 보고 있기 때문이다. 주위 사람들과의 공통점에도 초점을 맞춰볼 것. 그렇게 함으로써 진정한 개성이 무엇인지 깨닫게 될 것이다.

상식을 따르는 척하면서 비웃는다

상식이나 규칙 같은 것은 도움이 되지 않는다고 생각하는 사람이다. 다들 겉으로는 세상의 상식을 따르면서도 속으로는 다른 생각을 할 테니 자신도 따르는 척이야 하지만 실제로는 "아무려면 어때?" 하며 상황에 따라 태도를 획획 바꾸기도 한다. 하지만 그래서는 뭐든지 자신에게 유리한 대로 해석하기 쉽다. 자신을 잃지 않도록 뭔가 규범이 될 만한 사고방식이나 주관을 가져보자.

Test 37 진단 결과

Q2의 진단 결과 : 권위와 권력에 대해서 어떻게 생각하고 있을까?

개는 세상의 규칙을 지키는 권위와 권력의 상징이다. 개에 대한 감정은 당신이 그런 권위와 권력에 대해서 어떤 생각을 가지는지 보여준다.

선택한 사람

'권위=훌륭하다'고 생각해서 권력자를 순순히 따르는 타입

당신은 권위에 대해 순순히 따르는 타입이다. 사회적으로 지위가 높은 사람은 '훌륭한 사람'으로 보고, 그와 아는 사이가 되거나 특별히 자신을 봐주기를 바라고 있다. 그렇게 되면 자신도 훌륭한 사람이 된 듯한 기분이 드나보다.

선택한 사람

'권위'라는 것에 자동적으로 반항심이 싹트는 타입

권력에 대해 반항적인 사람이다. 사회적으로 지위가 높은 사람에 대해서는 자동적으로 반항심을 갖는 것 같다. 윗사람에게 경의를 표하지 않고 건방지게 행동하다가 상대에게 미움을 사서 실력에 맞는 기회를 얻지 못하는 일이 있을 것이다.

선택한 사람

'권위'에 무관심하고 태도가 변하지 않는 타입

권위에 대해 무관심한 사람이다. 사회적으로 지위가 높은 사람은 자신과 관계가 없다고 생각하여 전혀 중요하게 생각하지 않는다. 단지 그 사람이 '훌륭한 사람'인지 아닌지에 따라서 아부를 떨지는 않지만 처세술로서 실례가 되지 않도록 행동하려고 할 것이다.

Q3의 진단 결과 : 소수 집단에 대해서 갖는 감정은?

늑대는 세상에 받아들여지지 않는 소수의 사람들을 나타낸다. 여기서는 늑대에 대해서 어떤 감정을 갖는가에 따라서 당신이 소수자들에게 어떤 감정을 갖는가를 알 수 있다.

근거도 없이 두려워하고 편견을 갖기 쉽다

당신은 필요 이상으로 세상의 소수 집단을 두려워한다. 이른바 평범한 사람들과 생활이나 모습이 다른 사람들에 대해 편견을 갖거나 차별하기 쉽다. 아마도 무지에 의한 것으로 근거도 없이 흘러다니는 소문이나 고정관념에 좌우되는 경향이 있기 때문일 것이다. 자신의 눈으로 제대로 확인하고 자신의 귀로 듣는 등 올바른 지식과 정보를 가짐으로써 편견과 차별에서 벗어날 수 있을 것이다.

자신과 공통점을 느끼고 상대의 마음을 이해할 수 있다

세상의 소수 집단에 공감을 갖는 사람이다. 이른바 평범하다고 할 수 없는 사람들에 대해서 자신과 같은 고독의 냄새를 맡

Test 37 진단 결과

을 수 있는 면이 있는 것 같다. 그리고 세상 속에서 차별받거나 편견으로 고통받는 사람들의 굴욕을 자기 일처럼 느끼는 면도 있다. 넓은 마음으로 이런 사람들을 받아들여서 실제로 지원 활동에 참가하는 것도 좋은 방법일 수 있다.

C 선택한 사람

'참 안됐다'는 동정심에서 지원 활동에 참가한다

세상의 소수 집단에 동정심을 갖는 사람이다. 이른바 평범함과는 다른 사람들에 대해서 매우 안됐다고 생각하여 실제로 그러한 사람들을 지원하는 자원봉사 활동에 참가하는 일도 있다. 그것은 순수한 동정심과 그 사람들에 비하면 나는 아직도 행복하다는 마음에서 오는 것 같다. 상대의 자존심을 상처 입히지 않는 배려가 필요할 것이다.

Q4의 진단 결과 : 당신이 행복을 잡기 위해서 필요한 것은?

양치기는 인생의 길라잡이를 상징한다. 당신이 생각하는 양치기가 어떤 모습을 하고 있는가에 따라서 지금 당신이 행복한 인생을 살기 위해서 필요한 것을 알 수 있다.

선택한 사람

A 풍요로운 마음으로 살아가기 위해 정신적인 지주가 있었으면 좋겠다!

노인은 '더 나은 인생을 살기 위한 지혜'를 나타낸다. 지금 당신은 살아가면서 정신적인 지주가 되어줄 지혜를 구하고 있다. 고전 같은 책을 찬찬히 읽어보는 건 어떨까?

선택한 사람

B 현실 사회에서 성공하기 위한 노하우를 알고 싶다!

한창 일할 나이인 30~40대의 사람은 '현실 사회에서 잘 적응해나가기 위한 능력'을 나타낸다. 당신은 현재 하는 일에서 성공하려면 어떻게 하면 좋을까, 행복한 결혼생활을 보내기 위해서는 어떻게 하면 좋을까 하는 지식이나 정보를 구하고 있다.

선택한 사람

C 시대에 뒤떨어지지 않는 적응력이 있었으면 좋겠다!

소년은 '새로운 발상과 적응력'을 나타낸다. 당신은 나날이 변화하는 사회의 시스템이나 유행 등 시대에 뒤떨어지지 않게 잘 따라가고 싶어한다. 언제나 최신 정보를 얻을 수 있도록 신문이나 인터넷을 확인하거나 나이가 어린 사람들과 어울려보자.

Test 38

쌍안경에 잡힌 멋진 새는?

숲으로 새를 관찰하러 나갔다. 쌍안경으로 들여다보면 어떤 새가 보일까? 다음 A~D 중에서 하나를 골라보자.

Ⓐ

Ⓑ

Ⓒ

Ⓓ

Test 38 진단 결과

이 테스트에서는 당신이 장래에 발휘할 수 있는 능력을 알 수 있다.
이 테스트에서 새는 내면의 자유를 나타내고, 새가 있는 장소는 자유로운 세계에 대한 이미지를 상징한다. 여기에서 당신이 능력을 자유롭게 발휘한다면 어떤 일을 할 수 있을지 알 수 있다.

'도전가 타입'. 행동력과 에너지를 이용하여 실력 이상의 것을 달성한다

행동력과 뛰어난 감을 살려서 실력 이상의 것을 해내는 사람이다. 도전자라고 불러도 좋을 것이다. 하지만 자신이 잘하는 일이든 다른 일이든 너무 자기 마음대로 하려고 하면 주위의 반발에 부딪혀서 오히려 마음먹은 대로 돌아가지 않게 된다. 다른 사람의 의견을 들어줌으로써 당신은 더 현명한 도전자가 될 수 있을 것이다.

'창작가 타입'. 독특한 감성을 살려서 창조성을 발휘한다

감성을 살려서 뛰어난 표현력을 발휘할 줄 아는 사람이다. 다른 사람의 평가를 신경 쓰는 일 없이, 음악이나 미술, 문학 등 좋아하는 예술을 추구하는 자세는 창작인이라 불러도 좋을 것이다. 그런 반면 자신의 기분이나 감정이 가는 대로 행

동하는 것이 자유라고 생각하는 면이 있다. 별로 내키지 않는 일에도 기꺼이 몰두한다면 당신은 더 멋진 창작인이 될 수 있을 것이다.

C '팔방미인 타입'. 흥미가 있는 것은 무엇이든 잘해낸다

호기심이 강하고, 재미있겠다 싶은 일은 무엇이든 도전하며 대부분 잘해낼 수 있는 사람이다. 팔방미인이라고 해도 좋을 것이다. 여러 가지 경험을 쌓을 수 있는 반면, 무슨 일이든 도전해보는 것이 자유라고 착각하는 면이 있다. 한 가지 일에 꾸준히 몰두하지 않으면 아무것도 얻을 수 없다. 하고 싶은 일을 한 가지로 좁혀보면 어떨까?

D '전문가 타입'. 잘하는 분야를 고집하여 전문적인 능력을 발휘한다

자신이 잘하는 분야에서 뛰어난 능력을 발휘할 수 있는 사람이다. 전문가라 불러도 될 것이다. 당신은 '이것이 나의 세계다!' 싶은 것이 있으면 만족스러운 생활을 할 수 있을 것이다. 그런 반면 일상생활의 소소한 일이나 인간관계를 귀찮아하는 듯한데, 오히려 주위 사람들과의 교류를 도모하여 일상생활에 적응해나가면 전문가로서 더 큰 활동을 할 수 있을 것이다.

Test 39

겨울 추위를 이겨낼 선물은?

당신은 겨울 나라에서 살고 있다. 추위를 이겨낼 선물을 받는다면 무엇이 좋을까? 다음 A~C 중에서 하나를 고른다면?

Ⓐ 털모자

Ⓑ 털 스웨터

Ⓒ 방한화

Test 39 진단 결과

이 테스트에서는 당신이 새로운 세계에 발을 내딛지 못하는 이유를 알 수 있다.

따뜻하게 몸을 감싸는 방한용품들은 당신이 마음속 깊은 곳에서 지켜내려고 하는 것을 의미한다. 그 지키려고 하는 것 때문에 당신에게는 무의식적으로 제동을 가하는 감정이 생겨나는 것이다. 이 대답에서 당신이 새로운 세계로 발을 내딛지 못하는 이유를 알 수 있다.

A 불안이 앞서서 못 움직이는 타입

선택한 사람

안심이나 안전을 추구하는 사람이다. 그것은 어느 사람보다 불안을 잘 느끼는 면이 있기 때문이다. 새로운 일을 시작하려고 하면 불안한 마음에 너무 많은 생각을 하여 점점 더 불안해지는 면이 있는 것 같다. 그렇게 되면 몸이 긴장하여 신경이 쇠약해지고 피곤해져 새로운 세계로 나아가지 못하게 되는 것이다.

▶**새로운 세계로 나아갈 수 있는 힌트** '그렇게 되면 어떻게 하지?' 이렇게 생각하지 말고 머릿속을 비우고, 지금 여기서 해야 할 일에 몰두하는 자세가 필요하다. 마음속으로 자신에게 "이미 준비되어 있다."고 말해보자.

선택한 사람

다른 사람의 눈을 의식하여 자신을 바꾸지 못하는 타입

자기 이미지를 지키고 싶은 사람이다. '다른 사람에게 이렇게 보이고 싶다'는 이미지를 고집하며 그 이미지대로 행동하려고 한다. 자기 이미지에 집착하는 것은 다른 말로 하면 '자신이 다른 사람에게 어떻게 보이는가?'를 항상 신경 쓴다는 뜻이다. 즉 당신은 사람의 눈을 너무 의식하여 스스로의 모습을 자유롭게 두지 못해 새로운 세계로 나아가지 못하는 것이다.

▶**새로운 세계로 나아갈 수 있는 힌트** 다른 사람이 어떻게 생각하든 있는 그대로의 자기 자신을 받아들이는 것이 중요하다. 마음속으로 "이것이 나!"라고 말해보자.

선택한 사람

간섭받기를 싫어한 나머지 현재 상황을 바꾸지 못하는 타입

다른 사람들에게 간섭받기를 싫어하는 사람이다. 특히 사람들에게 "어떻게 생각해?"라든지 "어떤 느낌이야?" 같은 감정면에서 개입받는 것을 싫어하여 스스로 방어선을 쳐버리는 면이 있다. 그렇게 '타인이나 주위 환경에 영향받고 싶지 않다.'는 완고한 거부감이 그 다음 새로운 일로 한 발 나아가는 데 방해 요소로 작용한다.

▶**새로운 세계로 나아갈 수 있는 힌트** "나는 지금 이렇게 느끼고 있다."는 마음을 표현하는 것이 현재 상황을 바꿀 수 있는 계기가 될 것이다.

Test 40

낡은 집, 어디부터 고칠까?

오랫동안 살아온 집이 낡아서 고치려고 한다. 당신이라면 집의 어디부터 중점적으로 고치겠는가? 다음 A~C 중에서 하나를 골라보자.

A 건물의 토대와 마루

B 외벽과 창문

C 천장과 지붕

Test 40 진단 결과

이 테스트에서는 지금 당신이 얼마나 피곤한지를 알 수 있다.
이 테스트에서 고치고 싶은 장소는 당신이 피곤함을 느끼는 부분에 해당한다. 건물의 토대와 마루는 스스로를 지탱하는 몸 전체의 에너지, 외벽과 창문은 사람과의 관계에서 여러 가지를 느끼는 마음, 천장과 지붕은 두뇌의 생각하는 힘과 관계가 있다.

선택한 사람

심신에 모두 피곤이 쌓여 힘이 떨어진 상태인 듯. 규칙적인 생활을 해보자

지금 당신은 마음도 몸도 피곤이 쌓여서 힘이 떨어진 상태로 보인다. 무슨 일을 하든 귀찮게 느껴지고 일상생활이 게을러지고, 무엇이든 열심히 해야 할 때도 힘이 안 나지 않는지? 하지만 체력이 떨어진 상태는 나태함과 구별하기 어려운 법이다. 어쩌면 당신 안에 내재한 나태함이 문제인지도 모르겠다. 먼저 규칙적인 생활을 하도록 신경 쓰고 활동 리듬을 타보도록 할 것.

선택한 사람

인간관계의 스트레스로 마음이 고통스러운 상태인 듯

지금 당신은 인간관계에서 스트레스를 받고 있는 상태로 보인다. 다른 사람과 감정적인 마찰이나 갈등을 겪고 있지 않은지? 혹은 자신의 마음을 속이거나 진심을 표현하지 못하는 상황에 처하진 않았는지? 누구라도 자신의 진심과 단절되어 있으면 어딘가 모르게 답답한 기분이 들기 마련이다. 지금 솔직하게 자신의 마음과 마주해보자. 그렇게 하면 주위 사람들에게도 지금보다 조금 더 여유로운 마음으로, 자상한 태도를 보일 수 있을 것이다.

머리를 너무 많이 써서 신경이 곤두서 있는 상태인 듯

지금 당신은 어딘가 신경이 편할 때가 없는 날들을 보내고 있는 것 같다. 머리에서 나오는 에너지만 너무 많이 써서 몸의 에너지와 균형이 맞지 않는 것이 원인일지도 모른다. 신경이 편해지지 않으면 중요한 일에 집중할 수가 없고 주의가 산만해지고 만다. 혹은 이유 없이 불안을 느끼는 일도 있을 것이다. 될 수 있으면 컴퓨터나 게임에서 벗어나서 자연을 가까이 하거나, 스트레칭 같은 가벼운 운동을 하면서 심신을 편안하게 하는 데 신경을 쓰도록 할 것.

Test 41

꽃과 나비, 무슨 색으로 칠할까?

일곱 가지 색깔의 색연필 중에서 좋아하는 색을 골라서 '나비'와 '꽃' 그림에 각각 색을 칠해보자.

일곱 가지 색연필

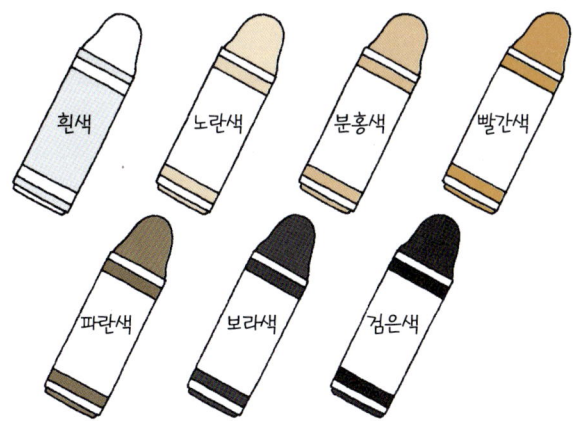

당신의 답변

● 꽃그림에 칠하는 색

● 나비 그림에 칠하는 색

Test 41 진단 결과

이 테스트에서는 당신이 행복해지기 위한 연애와 의사소통에 대한 단서를 알 수 있다.

색칠하기 취향에는 그 사람의 성격이나 심리가 반영된다. 사랑의 상징인 꽃을 칠한 색에는 당신의 연애 심리가 반영된다. 또 영혼의 상징인 나비를 칠한 색을 통해 연애 이외의 여러 인간관계에서 당신이 상대방에게 어떤 사랑을 보여줄 수 있는지 알 수 있다.

꽃을 칠한 색으로 당신의 연애 심리의 경향을 알 수 있다.

흰색
선택한 사람

'완전한 사랑'을 추구하고 그 사랑에 가까워지려고 노력한다

연애에 대한 높은 이상을 갖고 있는 사람이다. '완전한 사랑'을 추구하는 타입. 연인으로는 인간적으로 신뢰할 수 있는 사람을 원한다. 그리고 실제로 연인을 이상화하여 자신도 그에 걸맞은 사람이 되려고 노력한다. 애인이 없으면 이상적인 결혼 상대를 찾아서 몇 번이고 반복해서 선을 볼 수도 있다. 당신은 너무 진지한지도 모른다. 좀 더 가벼운 마음으로 이성과 교제하면서 성격이 잘 맞는지 아닌지 확인해나가도 좋을 것이다.

노란색을 선택한 사람
'있는 그대로의 사랑'을 추구하고 느낌을 소중하게 생각한다

있는 그대로의 사랑을 추구하는 사람이다. '함께 있으면 뭔가 즐거운' 느낌으로 사람을 좋아하게 되는 타입. 연애를 하고 있을 때의 행복한 기분이나 사랑하는 사람과의 일체감을 좋아하고, 사귀는 동안에 '연인이 좋아하면 나도 좋고, 연인의 기쁨이 곧 나의 기쁨' 같은 관계를 추구한다. 연애에는 낙천적이며 그다지 고민하지 않는 면이 있는데, 연인과의 관계가 매끄럽지 않을 때는 갈등을 피하려고만 하지 말고 문제와 대면해야 더 좋은 관계로 발전할 것이다.

분홍색을 선택한 사람
'천진난만한 사랑'을 추구하고 연애를 하면 완전히 열중한다

천진난만한 사랑을 추구하는 사람이다. '사랑하니까 그녀(그)가 좋다'는 이유만으로 상대에게 열중하여 자신의 모든 것을 드러내고 모든 것을 바치려고 하는, 애정이 풍부한 타입이다. 하지만 때로는 그 사랑이 과다해서 상대를 지배하려고 하거나 연인의 자유를 속박하려고 하는 경향이 있다. 넘치는 사랑의 힘을 애인에게만 쏟지 말고, 더 폭넓게 주위 사람들을 자상하게 대하거나 애정을 나누어주는 것이 사랑을 이루는 비결이다.

Test 41 진단 결과

'자신의 가치를 높여주는 사랑'을 추구한다

자신의 가치를 높여주는 것이 사랑이라고 생각하는 사람이다. 남에게 사랑받는 것이 자신감으로 연결되는 타입. 더욱이 주위 사람들이 애인을 '멋진 사람'이라고 부러워할수록 한층 더 자신감이 커지는 면이 있다. 그래서 연인으로는 현실 사회에서 잘 적응하고 성공할 만한 상대가 이상적이다. 도저히 손에 닿지 않는 상대를 좋아하게 되는 일은 없지만, 자신의 손이 닿는 아슬아슬한 범위에 있는 이상적인 상대를 잡으려고 한다. 하지만 겉으로 드러나는 것에 현혹되지 말 것. 사랑은 눈에 보이지 않는 곳에 가치가 있다.

'조용한 사랑'을 추구하고 천천히 발전하는 상대를 좋아한다

조용한 사랑을 추구하는 사람이다. 처음에는 친구 같은 관계에서 시작하여 점차 믿음으로 이어진 반려자로 발전하는 관계가 이상적이다. 아무리 연인 사이라도 서로 구속하거나 너무 간섭하지 않으려는 마음이 강하다. 감정이 격렬하게 부딪치거나 끈적끈적한 관계는 좋아하지 않고 연애의 밀고 당기기 같은 것도 좋아하지 않는다. 그런 당신에게는 일상적으로 안정된 관계 안에 당신이 바라는 사랑이 숨어 있을 듯. 평소의 인간관계를 소중히 하고 주위 사람과 성실하게 어울리자.

선택한 사람

'둘도 없는 사랑'을 추구하고 연애를 운명적인 것으로 느낀다

무엇과도 바꿀 수 없는 사랑을 추구하는 사람이다. 다른 누구와도 바꿀 수 없는 운명적인 상대와의 만남을 믿고 있다. 아니면 이미 그런 사람을 만나고 있을지도 모른다. 어쨌든 자신과 연인과의 관계는 주위의 커플처럼 진부한 것이 아닌 뭔가 특별한 관계처럼 느껴질 것이다. 하지만 그런 기분이 강해서 무의식 중에 뭔가 문제가 있는 상대에게 끌려서 '이것이야말로 운명적 만남'이라고만 생각해 굳이 힘든 연애를 하려고 하는 면도 있다.

선택한 사람

'사랑 따위는 믿을 수가 없어'라는 마음이 강하지 않은지?

좀처럼 사랑을 믿지 못하는 사람이다. 자신이 누구에게도 사랑을 못 받는 것이 아닐까, 진정한 사랑을 갖지 못하는 것이 아닌가 해서 포기하는 마음이 있지 않은지? 어쩌면 과거에 사랑하는 사람에게 배신을 당해서 마음에 깊은 상처를 입은 경험이 있는지도 모른다. 하지만 그것은 어디까지나 과거의 일. 당신 속에 있는 순수한 마음은 서로 사랑할 수 있는 관계를 원하고 있다. 사랑하는 사람에게 솔직하게 마음을 열고 대할 수 있도록 힘쓸 것.

Test 41 진단 결과

나비를 칠한 색으로 당신의 인간관계 교류의 특징을 알 수 있다.

흰색
선택한 사람

정의감이 강하고, 잘못이나 나쁜 점을 간과하지 못하여 훈계를 하는 사람

세상의 차별이나 불평등을 용서하지 못하고, 사회 전체가 올바른 방향으로 향하기를 진심으로 원하는 사람이다. 정의감이 강해서 나쁜 일이나 잘못된 일을 하는 사람을 간과하지 못하고 주의를 주거나 훈계를 하지 않는지? 누구와도 차별 없이 대하려고 노력하는 반면에 오랫동안 사귄 친구를 소중히 하고 우정을 중시한다. 또 자원봉사같이 사회적으로 의의가 있는 활동을 함으로써 주위 사람과의 교류를 추구한다.

노란색
선택한 사람

누구나 즐겁게 살아가기를 바라며 주위 사람을 평온하게 하는 사람

주위 사람들과 싸우지 않고 모두 사이좋게, 즐겁게 살아가기를 진심으로 원하는 사람이다. 괴롭힘이나 따돌림을 싫어하고, 파벌 투쟁이나 내부 갈등이 일어나면 어느 편에도 서지 않고 양쪽 모두와 잘해나가자는 위치에 서려고 한다. 또 사람들을 의식적으로 즐겁게 하거나 웃기거나, 뭔가 사람들을 안심시키고 평온한 분위기를 만들어낼 수 있는 타입이다.

분홍색을 선택한 사람

보답을 바라지 않는 큰 사랑으로, 약자에게 상냥한 마음으로 대하는 사람

고민하는 사람이나 곤란한 처지에 놓인 사람, 약자에게 동정심을 가지고 그러한 사람들을 위해서 뭔가를 해주고 싶어하는 마음이 강한 사람이다. 아이들이나 동물에 대해서도 상냥한 마음으로 대한다. 또 자신을 위해서 무언가를 하기보다는 다른 사람을 위해서 일하는 데 더 뿌듯함을 느끼는 경향이 있다. 보답을 바라지 않고 상처받은 사람의 마음을 감싸안는 큰 사랑을 지닌 타입이다.

빨간색을 선택한 사람

노력으로 자신을 빛나게 하여, 그 모습으로 주위에 용기를 주는 사람

노력에 의해서 자신감을 얻어 자신을 빛낼 수 있는 사람이다. 언제나 목표를 세우고 그것을 향해서 곤란과 역경을 이겨내며 열심히 노력하는 타입. 그러한 당신의 모습은 자신을 빛낼 뿐만 아니라, 주위 사람에게도 힘을 주고 의욕을 북돋워준다. '사람은 누구나 어떤 일을 성취함으로써 더 가치 있는 것을 손에 넣을 수 있다.'는 생각을 다른 사람에게도 불러일으키는 사람이다.

Test 41 진단 결과

선택한 사람

사람들을 차별 없이 대하고 냉정하게 사물의 본질을 꿰뚫어 보는 사람

편견을 갖지 않고 중립적으로 사람과 어울릴 수 있는 사람이다. 감정에 따라 사람을 판단하지 않고, 누구에게나 본래의 순수하고 상냥한 마음을 갖는다. 그래서 주위 사람들이 근거도 없는 소문에 좌우되거나 모두 흥분할 때라도 자신은 나름대로 휩쓸리지 않고 냉정하게 사물의 본질을 꿰뚫어보려 할 것이다. 또 지적인 활동을 좋아하고 사람들과 지식이나 정보를 교환하는 데 기쁨을 느끼는 타입이다.

선택한 사람

타인의 슬픔과 고통, 고민을 함께 나누며, 사람의 일생이 아름답다는 사실을 전파하는 사람

사람의 마음속에 있는 슬픔이나 힘든 일, 고통, 과거에 받은 상처 등을 직시할 수 있는 사람이다. 슬퍼하는 사람과 함께 슬퍼하고, 괴로워하는 사람과 함께 괴로워하고, 고민하는 사람의 마음에 다가간다. 또 인생에서 피해갈 수 없는 이별이나 죽음, 이 세상의 무상함에 생각이 미쳐 이런 것들이 있기 때문에 사람의 일생은 신비스럽고 아름답다는 것을 주위 사람들에게 전할 수 있는 타입이다.

검은색 선택한 사람

성숙한 어른의 침착함으로 주위에 안정감을 주는 사람

어른스러운 침착함으로 주위 사람들을 안심시킬 수 있는 사람이다. 본능적으로 직감에 뿌리내린 안정감이 있다. 또 당신에게는 해야 할 일을 하면 무슨 일이 있어도 두렵지 않다는 생각이 있어서 그 생각이 침착함으로 이어지는 듯하다. 주위 사람이 피하고 싶어하는 문제 있는 사람이나 성가신 사람에 대해서도 적절히 대처하고 문제를 일으키지 않도록 이끌 수 있는 사람이다.

Test 42

학교 가는 아이에게 엄마는 무슨 말을 할까?

초등학생쯤 되어 보이는 아이가 학교에 갈 준비를 하고 있다. 신발을 신는 아이 뒤에서 엄마가 무언가 이야기를 하는데 무슨 말을 했을까? 다음 A~D 중에서 하나를 골라보자.

A "우물쭈물하지 말고 빨리 해!"

B "잊어버린 거 없니? 잘 확인했어?"

C "친구를 기다리게 하면 안 되잖니?"

D "잘 갔다 와. 조심해."

Test 42 진단 결과

이 테스트에서는 당신이 인생의 결정적인 상황에서 어떤 실수를 하게 되는지 알 수 있다.

당신이 선택한 대사는 '이거다!' 싶은 인생의 결정적인 상황에서 마음속에서 들려오는 목소리이다. 그 목소리가 어떤 것인가에 따라, 예를 들면 시험이나 면접을 볼 때 어떤 실수를 하는지 알 수 있다.

선택한 사람

긴장을 너무 많이 해서 실수하기 쉬운 타입

당신은 시험이나 면접 같은 중요한 국면에서 지나치게 긴장하여 평소의 실력을 발휘하지 못하는 면이 있다. 일이 시작되기 직전까지 '어떻게 하지?' 하면서 침착하지 못하고, 스스로 불안을 부채질하는 행동을 하곤 한다. 침착함을 유지하기만 하면 해낼 수 있는 일도 그 때문에 실수를 할 가능성이 있다.

▶**실수를 피하는 법** 요가, 명상, 호흡법 등을 배워 평소에 재충전하는 방법을 익혀두자.

선택한 사람

너무 생각이 많아서 실수하기 쉬운 타입

당신은 충분히 준비를 하고서도 '아직도 준비가 부족한 게 아닐까?' 하고 생각하여 좀처럼 대담하게 일을 해나가지 못한다. 무슨 일이든 생각을 너무 많이 해서 헤매는지도 모른다.

인생의 결정적인 상황에서 '실수하지 말자.'는 생각 때문에 너무 신중해져서 판단을 내리지 못하는 것 같다.

▶**실수를 피하는 법** 생각하면 생각할수록 해결책을 알 수 없다면 오히려 자신의 직감이나 제일 처음 떠오른 생각을 믿어보자.

주의가 산만해 실수하기 쉬운 타입

당신은 일을 계획적으로 진행하기를 싫어하는 사람인 것 같다. 본래부터 결과나 성적을 그다지 따지지 않는 면이 있기 때문에 쉽게 다른 것들에 관심을 돌려 주의가 산만해지는 경향이 있다.

▶**실수를 피하는 법** 쓸데없는 일에 시간이나 체력을 너무 많이 쓰지 않는지? 지금 무슨 일을 해야 하는지 매사에 우선순위를 확인해보자.

실수는 적은 타입이지만 방심은 금물!

비교적 침착하게 자신이 하고 싶은 일이나 주어진 과제에 매진하는 사람이다. 시험이나 면접 때도 그다지 긴장하지 않고 평소 실력을 발휘할 수 있을 것이다. 실수를 두려워하지 말고 일에 도전하는 자세가 좋은 결과를 불러올 것이다. 단지 사소한 방심이 실수로 이어질 수 있으니 조심할 것.

Test 43

친구의 말에 상처를 입다!

친한 친구와 이야기를 나누다가 그의 말에 상처를 받았다. 하지만 친구는 이 사실을 알아채지 못한 것 같다. 당신이라면 그 친구와 이후 어떻게 지내겠는가? 다음 A~C 중에서 하나를 골라보자.

A 아무리 사이좋은 친구라도 더는 어울리지 않는다. 아무 말 없이 관계를 끊는다.

B 친구이니만큼 싸우게 될 것을 각오하고 내 마음을 이야기한다.

C 딱히 아무 말도 하지 않고 겉으로는 지금까지와 똑같이 지낸다.

Test 43 진단 결과

이 테스트에서는 당신이 스스로를 속이는 '마음의 약점'을 알 수 있다. 남에게 상처를 받았을 때 어떤 태도를 취하는가에 따라서 당신이 스스로에게 어떤 생각을 갖는지 알 수 있다. 또 그 생각의 이면에 스스로 인정하기 싫은 약점이나 진실된 마음을 엿볼 수 있다.

선택한 사람

'나는 강한 사람'이라는 믿음 이면에 남들보다 배로 쉽게 상처받는 면이 있다

'나는 강한 인간'이라고 생각하는 사람이다. 웬만한 일로는 상처받지 않고, 상처를 받았다고 해도 곧바로 다시 일어설 수 있는 마음이 강한 면이 있다고 믿는 것 같다. 하지만 그것은 상처받은 자기 자신을 속이기 위한 거짓말이다. 원래는 매우 상처받기 쉽고 특히 남들에게 거절당하는 것을 극단적으로 두려워하기 때문에 거절당하기 전에 '나는 강하다'는 방어막을 쳐서 더는 상처받지 않으려고 한다.

▶**위안의 메시지** 스스로에게 "때로는 상처받을 때도 있어." 하고 상냥하게 말해보자.

선택한 사람

'나는 솔직하다.'는 생각의 이면에 사랑받고 싶은 욕구가 있다

'나는 솔직하다.'고 생각하는 사람이다. 아무 거짓 없이 다른 사람의 의견에 솔직하게 귀를 기울이고 있다고 믿는 것 같다. 하지만 그것은 욕구불만인 자신을 속이기 위한 거짓말이다. 당신은 '충분하게 사랑받지 못했다.'는 마음이 강할 뿐만 아니라, '사랑받고 싶다.'는 욕구를 겉으로 드러내기를 두려워하고 있다. 그래서 사람이 다가오려고 하면 일부러 비뚤어진 태도로 대해서 상대를 불쾌하게 하는 일이 있을 것이다.

▶위안의 메시지 '단점이 좀 있으면 어때?' 하고 있는 그대로 받아들이자.

선택한 사람

'지금 이대로 문제없다.'고 생각하는 이면에는 현실 도피하는 버릇이 있다

'난 지금 그대로가 좋다.'고 생각하는 사람이다. 너그러운 마음으로 남을 받아들이는 타입이라 믿고 있다. 하지만 그것은 자기 안의 불안을 속이기 위한 거짓말이다. 원래는 상황이 좋지 않은 현실에서 눈을 돌리려고 공상의 세계에 빠져버리는 게 아닐까? 그래서 실제로는 남들에게 오해를 받거나 인간관계가 잘 풀리지 않는 일이 생기기도 할 것이다.

▶위안의 메시지 '변하지 않으면 안 되는 부분도 있는 게 아닐까?' 하고 솔직하게 인정하는 것이 오히려 불안한 마음을 가라앉히는 길이다.

Test 44

아마추어 화가의 작품값은 얼마일까?

회화 동아리의 친구들과 전시회를 열기로 했다. 출품 작품은 스스로 가격을 결정해서 팔 수 있다. 당신의 그림을 원하는 사람이 있으면 어떻게 할까?

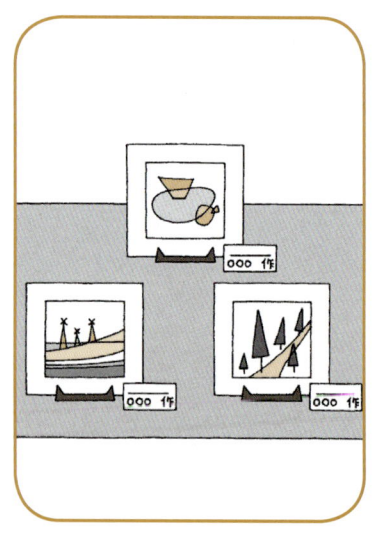

A 스스로 가격을 붙여서 판다.
(그때 가격은 얼마로 하겠는가?)

B 스스로 결정하지 못하기 때문에 원하는 사람에게 가격을 정하게 한다.

C 소중한 작품이기 때문에 팔지 않는다.

D 정말로 마음에 들어하는 사람에게는 무료로 준다.

Test 44 진단 결과

이 테스트에서는 당신이 스스로를 어떻게 평가하는지를 알 수 있다. 내가 그린 작품은 나의 분신과 같은 것. 어떻게 파느냐에 따라서 당신이 자기 자신을 어떻게 평가하는지 그 기준을 알 수 있다.

선택한 사람

똑 부러지게 자기 평가를 내릴 수 있는 타입. 작품 값이 비쌀수록 높이 평가한다는 뜻

자기 평가를 제대로 할 수 있는 사람이다. 당신이 매긴 가격은 자신에 대해서 내리는 평가로, 높은 가격을 매긴 사람일수록 자신을 높이 평가한다는 뜻이 된다. 자기 평가가 높은 사람은 그만한 가치가 자신 안에 있는지 없는지 되돌아보자. 반대로 낮은 가격을 매긴 사람은 스스로에게 더 자신감을 갖고 자신의 능력과 장점을 다시 찾아보도록 하자.

선택한 사람

주위의 평가 그대로 자신을 평가하는 타입

자기 평가가 애매한 사람이다. 주위 사람들의 평가가 그대로 자기 평가로 이어진다. 그로 인해 남들에게 높은 평가를 받으면 자신의 가치가 올라가고, 낮은 평가를 받으면 그만큼 자신의 가치가 낮아진다고 느낀다. 다른 사람들의 평가에 너무 좌우되지 말고 자기 안에 확고한 자신감을 갖자.

나는 특별한 존재로 평가 대상이 아니라고 생각하는 타입

자신은 평가의 대상이 되지 않는 특별한 존재라고 생각하는 사람이다. 자신에게는 어느 누구와도 다른 특별한 재능이 있다는 의식이 강해 보인다. 또 타인의 평가는 도움이 되지 않는다고 생각한다. 따라서 남들에게 높은 평가를 받아도 스스로 아니라고 생각하면 자기 평가는 내려가고, 남들에게 인정받지 않아도 자기가 좋다고 생각하면 자기 평가를 높게 잡을 수 있는 사람이다.

겸손한 듯 보여도 내심 자신을 높게 평가하는 타입

자신을 어떻게 평가하는지 겉으로 드러내지 않는 사람이다. '남들에게 필요한 인물이 되어야 내가 있다.'는 생각이 강하고, 남을 위해서 얼마나 도움이 되고 남들에게 사랑을 받는지에 따라서 자신을 평가한다. 언뜻 보기에 겸손하고 실제로 겸손한 면도 있기는 하지만, '내가 없으면 잘 못할 거야.' '이것은 나밖에 할 수가 없다.'는 생각도 있어서 속마음을 살피면 의외로 자신을 높이 평가하는 사람이다.

Test 45

더는 입을 수 없게 된 옷

아끼는 옷을 손에 들고 당신은 "이제 더 못 입겠네." 하고 중얼거렸다. 그 옷을 입지 못하게 된 이유는 무엇일까? 다음 A~D 중에서 하나를 골라보자.

A 사이즈가 맞지 않아서

B 디자인이 유행에 뒤쳐져서

C 주위에 같은 옷을 입는 사람이 있어서

D 너무 오래 입어 다 해져서

Test 45 진단 결과

이 테스트에서는 당신이 인생에서 어떤 시기에 접어들었는지 알 수 있다. 옷은 자신의 몸을 감싸는 것으로 '이것이 나'임을 확인하는 것이다. 즉 자기 이미지를 상징한다. 못 입게 된 옷은 당신이 지금까지 가꾸어온 자기 이미지가 변환기를 맞고 있다는 것을 나타낸다.

지금까지의 자기 이미지를 버리고 자유로워지고 싶다

지금 당신은 자신을 자유롭게 풀어주고 싶을 때이다. 지금까지 마음속 어딘가에서 '이건 나답지 못해.' 하고 생각하여 억압해온 것을 겉으로 드러내려고 한다. 당신 안에는 스스로 생각하는 것보다 훨씬 다양한 가능성이 있다. 지금이야말로 자신 안에 잠들어 있는 능력을 발휘할 때다.

좋은 조언을 해주는 '인생의 스승'을 만나고 싶을 때

지금 당신은 '인생의 스승'을 발견하고 싶을 때이다. 자기가 어떻게 살아가면 되는지, 가야 할 길을 찾아냈으면 한다. 하지만 어떤 길인지 혼자서 판단하기는 어렵고, 인도해줄 만한 누군가를 만났으면 한다. 지금이야말로 주위 사람들과 적극적으로 어울려 좋은 조언을 해주는 스승이나 선배, 지도자를 찾아보자.

C 인생의 목적과 의미를 생각하기 위해서 자신과 대면할 때

지금 당신은 자신과 대면할 때이다. 자신이 살아가는 의미를 알고 싶어한다. '내가 아니면 안 되는 특별한 능력이나 사명이 분명히 있을 거야. 그런데 그게 대체 뭘까?' 하며 답답해하지 않는지? 지금 당신은 스스로를 천천히 대면함으로써 그 물음에 대한 답을 찾을 때이다.

D 자신을 믿는 느낌이 생겨나 크게 성장할 때

지금 당신은 크게 도약을 할 때이다. 지금까지의 자신의 껍질을 벗어던지고 새로운 나를 찾으려 한다. 부모나 주위 사람들의 말보다도 자신의 생각에 충실해져 자신이 믿는 길로 나아가자는 결심이 굳어지고 있을 것이다. 지금 당신이라면 이제까지는 앞을 가로막는 벽이라고 느꼈던 일도 꼭 극복해낼 수 있을 것이다.

Test 46

파티에 만들어 갈 음식은?

다음 만화를 읽고 주인공이 취한 행동을 A~D 중에서 하나를 골라 보자.

❶ 이번 주말에 크리스마스 파티가 열린다. 몰래 짝사랑하는 그 사람도 올 예정이다.

❷ 그날은 직접 만든 과자와 음식을 한 가지씩 가져오기로 했다.

❸ 나는 요리를 못하는데 왠지 모두들 내가 요리를 잘한다고 믿고 있다.

❹ 짝사랑하는 그 사람한테서도 "기대할게." 하고 문자가 왔다. 어떻게 할까?

Ⓐ 잘 못 만들더라도 직접 만들어서 가져간다.

Ⓑ 가게에서 산 것을 자기가 만든 척하고 가져간다.

Ⓒ 산 것을 가져가고 솔직하게 말한다.

Ⓓ 파티에 가지 않는다.

Test 46 진단 결과

이 테스트에서는 당신이 장래에 어떻게 나이를 먹어갈지 알 수 있다. 자신의 약점을 보여줘야 하는 상황에서 당신은 어떻게 할 것인가? 그때 당신이 취하는 행동에서 앞으로 당신이 어떤 식으로 살아가게 될지를 엿볼 수 있다. 이 테스트에서는 당신이 나이가 들면 어떤 모습이 되어가는지 판단한다.

A 나이를 먹을수록 매력이 더해지는 타입

나이가 많아지는 것이 나쁜 쪽으로 작용하지 않는 사람이다. 오히려 나이를 먹을수록 인간적인 매력이 증가해가는 타입이다. 그 이유는 언제까지나 시간이 지나더라도 호기심이나 도전정신을 유지할 수 있기 때문이다. 그리고 다른 사람에 대해서 열린 마음으로 관계를 맺으려는 생각과 경험의 무게가 축적되어 당신은 나이를 먹어감에 따라 주위 사람들에게 호감을 얻게 될 것이다.

B 젊음에 집착해 겉모습의 아름다움을 지키려고 노력하는 타입

나이가 들어도 자신을 젊고 예쁘게 보일 수 있는 사람이다. 하지만 그것은 겉보기에 그렇다. 마음속으로는 젊음을 잃는 것에 위기감을 느끼고, 젊어지기 위한 노력을 계속하다 화장은 화려해지고 부분 성형에도 도전할지 모른다. 하지만 그렇게 젊음을 추구하는 자세 때문에 오히려 아줌마처럼 보이거나, 자랑하고 과시하는 모습이 나이를 느끼게 할 수도 있다.

젊음을 동경하면서도 평범하게 나이에 맞게 늙어가는 타입

젊음을 동경하면서도 지극히 평범하게 나이를 먹어가는 타입이다. '몇 살이 되면 이런 느낌이 나는 차림을 해야지.'라는 고정관념에 빠져 나이에 맞게 늙어갈 것이다. 다른 사람들이 "젊구나!" 하고 말해주기를 기대하고 "몇 살로 보여?" 하며 주위 사람들에게 묻기 시작하면 아저씨, 아줌마가 되기 시작했다는 증거이다. 주위 사람들이 좀 억지스럽다고 생각할 것 같다.

젊지 않으면 의미가 없다고 생각해 노후를 즐길 수 없는 타입

나이가 드는 것을 부정적으로만 생각하는 사람이다. 나이와 함께 더 성숙해지지 못하고 언제까지나 사춘기처럼 마음의 동요를 느낀다. 어른으로서 의무감이나 책임의식이 희박하고, 자기보다 나이가 적거나 어른처럼 행세하지 않는 사람과 어울린다. 그런 당신은 나이를 먹어갈수록 우울한 기분이 늘어나 인생을 즐길 수 없게 되고 만다. 젊음을 대신할 만한 가치가 무엇인지 지금부터 천천히 생각해보면 어떨까?

Test 47

치과 예약하기에 알맞은 날

충치 때문에 이가 아파서 치과 예약을 하게 되었다. 당신은 어느 날로 예약을 하겠는가? 다음 A~D 중에서 하나를 고른다면?

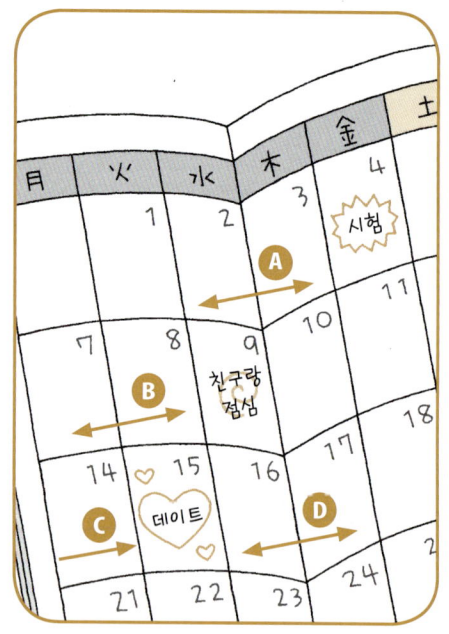

A 시험 전에

B 친구와 점심을 먹기로 한 날 전에

C 데이트 전에

D 데이트 후에

Test 47 진단 결과

이 테스트에서는 당신이 일을 해나가면서 얼마나 목표달성 능력을 갖고 있는지 알 수 있다.

대부분의 사람들은 치과에 가기를 싫어한다. 이 테스트에서는 싫은 일을 언제 실행하는가를 묻는데, 그 대답에서 당신이 일을 수행하면서 목표를 달성해내는 능력이 어떤 특징을 지니는지 진단할 수 있다.

선택한 사람

A 부지런히 목표를 세워서 그 목표를 하나씩 해나가는 사람

싫어하는 일부터 빨리 해치우자고 하는 당신은 짧은 시간에 결과를 낼 수 있는 단기적인 목표를 세우고, 그 목표를 향해서 열심히 할 수 있는 사람이다. 압박이 있어도 긍정적인 자세로 극복할 수 있을 것이다. 단지 결과를 중시하여 과정을 소중하게 생각하지 않거나 일을 부실하게 하거나 대충 해치우는 경우가 생길 수 있다. 그렇게 하다가는 언젠가는 허술한 점이 드러난다. 정성을 다할 것.

선택한 사람

B 낮은 목표를 세우고 그것을 해결하면 만족하는 사람

언제 무엇을 해야 하는가를 나름대로 생각하고, 싫어하는 일도 잘 마무리 지으려는 당신. 작은 목표를 세우고 그 목표를 향해서 열심히 하면 좋은 결과를 얻을 수 있을 것이다. 단지 마음속 어딘가에 실수를 두려워하는 마음이 있어서 더 높은 목표도 달성할 수 있는데 무난하게 목표를 세우고 그 정도로 만족해버리는 경향이 있다. 더 높은 목표를 세워도 좋을 듯.

행동으로 옮기는 것이 느리고 눈앞의 목표를 완수하지 못하는 사람

싫어하는 일은 좀처럼 착수하지 못하는 당신은 해야 할 일이 있어도 행동으로 옮기는 것이 느려서 결국에는 시간 안에 해내지 못하는 일이 있지 않은지? 당신에게는 바로 결과가 보이지 않는 장기적인 목표를 이루어낼 가능성이 더 높아 보인다. 아무튼 목표를 이루기 위해서 행동으로 옮기지 않는 한 성공에 도달할 수 없다. 빨리빨리 행동하도록 하자.

게으름피우다 결국 아무 일도 못하고 끝낼 것 같은 사람

싫어하는 것은 될 수 있으면 미루려고 하는 당신은 해야 할 일도 결국은 하지 못하고 끝내버리는 경우가 있지 않은지? 하기 싫은 일을 차일피일 미루고 있으면 어떻게 되겠지 하는 성숙하지 못한 생각을 가지고 있는 듯. 혼자서 시작하지 못하는 일은 같은 목표를 가진 사람과 함께 시작하거나, 목표를 달성할 때마다 스스로에게 선물을 주는 방식을 써보자.

"진정한 나를 찾고 싶다!"는 모든 사람에게
★ 행복 지수가 올라가는 마법의 어드바이스 ④

| 거꾸로 찾아보기 |

여러분이 알고 싶은 진단 항목은 어떤 심리 테스트를 하면 알 수 있을까? 진단 항목에서 심리 테스트를 찾아보는 편리한 거꾸로 찾아보기이다.

내 성격과 지금 마음상태를 알고 싶다

항목	테스트	페이지
내가 그리는 마음속 이미지	Test 01	14
마음 깊은 곳에 깃든 공포심	Test 02	20
자신에게 갖추어진 정신 기능의 특징	Test 03	24
위험할 때 어떻게 행동하는가?	Test 04	30
다른 사람에게 알리기 싫은 '마음의 어두운 면'	Test 05	34
인생에서 소중하다고 생각하는 것	Test 06	38
다른 사람에게 배신당했을 때의 반응	Test 07	42
승부 근성과 실력 발휘를 하는 방법	Test 08	46
동성에 대한 질투심	Test 09	50
질투가 일었을 때의 행동 패턴	Test 10	54
행운과 불운을 어떻게 느끼는가?	Test 11	58
긍정적인 사고방식의 특징	Test 12	62
다른 사람에게 고마워하는 마음	Test 13	66
마가 끼기 쉬운 사람인가, 아닌가?	Test 14	70
인생에서 갖기 쉬운 불안의 원인	Test 15	74
어떤 지성의 소유자인가?	Test 36	188
사회의 상식과 규칙을 어떻게 생각하는가?	Test 37-Q1	192
권위나 권력에 대해서 어떻게 생각하는가?	Test 37-Q2	192
소수 집단의 사람들에 대해서 갖는 감정	Test 37-Q3	192
행복을 잡기 위해서 필요한 것	Test 37-Q4	192
장래에 발휘할 수 있는 능력	Test 38	202
새롭게 한 걸음 나아가지 못하는 이유	Test 39	206
연애와 의사소통에 대한 단서	Test 41	214
결정적인 상황에서 어떤 실수를 하기 쉬운가?	Test 42	224
자신을 속이는 마음의 약점	Test 43	228
자기 평가에 대해서	Test 44	232
일에서 목표달성 능력은?	Test 47	244

지금 당신은 잠재능력을 살리고 있는가?	Test 35	184
지금 당신은 얼마나 피곤한가?	Test 40	210
지금 당신의 인생은 어떤 시기에 접어들었는가?	Test 45	236
장래에 어떻게 나이를 먹을 것인가?	Test 46	240

인간관계에 대해서 알고 싶다

인간관계의 특징	Test 16	86
지금 당신에게 딱 맞는 친구 타입	Test 17	90
사람들에 어떻게 보이고 싶어하는가?	Test 18	94
사람들에게 쉽게 오해받는 면	Test 19	98
단체 속에서 능력을 살릴 수 있는 역할	Test 20	102
대화의 문제점	Test 23	116
어떤 타입의 권력자가 되는가?	Test 24	120
사람들에게 영향받기 쉬운 타입인가, 아닌가?	Test 25	124

머릿속에 떠오르는 특정 상대에 대해 알고 싶다

그 사람에 대해서 어떻게 생각하는가?	Test 21	106
그 사람과 어떻게 관계하는가?	Test 22	112
그 사람의 실력을 어떻게 평가하는가?	Test 26	128

연애와 결혼에 대해 알고 싶다

어떤 연애를 바라는가?	Test 27	138
연인에 대한 독점욕과 질투심의 강도	Test 28	142
연애가 잘되지 않는 이유	Test 29	146
연애가 잘되는 비결	Test 30	150
연인과의 관계에 무엇을 기대하는가?	Test 31	154
이성을 어떻게 의식하는가?	Test 32	158
이상적인 결혼생활과 이상적인 결혼 상대	Test 22	112
결혼을 결심하는 이유	Test 34-Q1	166
결혼 후에 어떤 주부(전업주부 남편)가 될 것 같은가?	Test 34-Q2	166
결혼 후에 중시하는 것	Test 34-Q3	166
행복한 결혼생활을 이루기 위해서 필요한 것	Test 34-Q4	166
결혼 후의 친구관계에 대해서	Test 34-Q5	166

왜 여우 같은 여자가 괜찮은 남자를 잡을까?
여우의 연애비법

도서출판 이젠
Dr.굿윌 지음 · 이희정 옮김 | 230쪽 | 값 12,000원

카리스마 연애 카운슬러,
Dr.굿윌의 연애 지침서!
남자를 믿지 마라!
더 중요한 것은 남자를 이해하는 것이다!

갖고 싶은 남자가 있는가?
진짜 괜찮은 남자를 잡고 싶은가?
남자의 속마음을 알아야 연애가 잡힌다!

더 이상 연애 때문에 쩔쩔매지 말라!
Dr. 굿윌이 솔직하게 털어놓는 남자들의 연애 심리!
그리고 이 비법을 깨친 여자들의 성공확률 100% 연애 행동 양식!

3분이면 상대의 심리를 꿰뚫을 수 있다!
3분 심리학

도서출판 이젠
시부야 쇼조 지음 · 이희정 옮김 | 192쪽 | 값 10,000원

**상대방의 말(언어)만으로 그 사람의 진심을 알 수 없다!
몸짓, 눈짓을 통해 알아채는 심층심리의 모든 것!
'상대방의 심리'를 파악하고 '인간관계'의 중요성을 되새긴다!**

이 책의 저자는 비언어 커뮤니케이션을 기초로 '공간행동학'이라는 연구 영역을 개척하여 사람들의 사소한 봄짓과 행동의 의미를 밝히는 심층심리를 연구하였다. 이 책은 그 연구 결과 밝혀진 인간관계와 연애, 비즈니스 등에 바로 응용할 수 있는 실전에 강한 심리학 개론서이다. 하지만 그 내용이 딱딱하거나 무겁지 않다. 여러 심리 실험과 심리 테스트를 소개하고 있어 저자의 설명에 신뢰감이 더해진다.

나는 누구인가? 나를 알면 인생이 더 즐거워진다!
심리학 노트에 나를 쓰다

도서출판 이젠
히로시 모토아키 지음 · 이희정 옮김 | 224쪽 | 값 9,500원

'남에게 사랑받는 나'를 만드는 심리학 노트!
– Q&A 형식으로 즐겁게 나를 분석한다!
마음의 가면을 벗고, '심리학 노트'에서는 100% 솔직해지자!

이 책은 독자들이 실제적인 행동을 하도록 격려하는 점이 매우 특이하다. 흥미로우면서도 기발한 상황을 설정하고 총 46가지 테스트 질문이 쏟아지면, 독자들은 자신의 사고방식과 행동 경향에 맞게 체크하게 된다. 그림을 그리거나, 인생의 시나리오를 직접 대답란에 써야 할 때도 있다. 이렇게 적극적으로 '심리 체험학습'에 참여하다 보면, 어느덧 나의 인간 특성을 더욱 깊이 알게 된다. 그리고 이것은 일상의 행동과 삶을 변화시키는 '자기 깨달음'으로 이어진다. 이 책을 계기로 자신을 더 잘 알고 남의 마음을 바르게 읽고 호의적인 인간관계를 형성하게 된다면 더 바랄 것이 있을까?

**SHIAWASE-RYOKU GA APPU SURU!
MAHO NO SHINRI TESUTO**
by NAKAJIMA Masumi

Copyright ⓒ 2007 NAKAJIMA Masumi
All rights reserved.
Originally published in Japan by NAGAOKA SHOTEN, Tokyo.
Korean translation rights arranged with NAGAOKA SHOTEN, Japan
through THE SAKAI AGENCY and EntersKorea Co., Ltd.

이 책의 한국어판 저작권은 (주)엔터스코리아를 통해
저작권자와 독점 계약한 (주)이젠미디어에 있습니다.
신 저작권법에 의하여 한국 내에서 보호를 받는 저작물이므로
무단 전재와 무단 복제를 금합니다.

❺ Happiness
마법의 심리 테스트

초판 1쇄 발행 2010년 8월 20일 **초판 2쇄 발행** 2010년 9월 10일
지은이 나카지마 마스미 **옮긴이** 이희정 **펴낸이** 임요병 **디자인** 이준정
펴낸곳 (주)이젠미디어 **등록** 1992년 5월 21일 제4-177호
주소 서울시 마포구 서교동 447-5 풍성빌딩 2층
전화 02-324-4001 **팩스** 02-324-4002
e-mail editor@ezenmedia.co.kr   **값** 8,000원
ISBN 978-89-89006-45-9 14180   **한국어 판권** ⓒ (주)이젠미디어, 2010
※ 잘못 만들어진 책은 구입하신 서점에서 교환해 드립니다.